CRISTOLOGÍA

CRISTO JESÚS:
CENTRO Y PRAXIS DEL PUEBLO DE DIOS

ALBERTO LÁZARO GARCÍA, PH.D

BIBLIOTECA TEOLÓGICA CONCORDIA

Propiedad literaria © 2006 Editorial Concordia
3558 South Jefferson Avenue, Saint Louis, Missouri, 63118-3968 U.S.A.

Editor: Rev. Héctor Hoppe
Tapa: Florencia Fau-Pieske

Editorial Concordia es la división hispana de Concordia Publishing House.

Impreso en los Estados Unidos de América.

DEDICATORIA

Este libro es dedicado con mucho amor a mi querida esposa Mori, a mis hijos Yvette y Phillip, a mi querida madre Norma, a mi hermano Ernesto y a mi suegro Alvey. Ellos son muestra y presencia del amor de Cristo Jesús en mi vida.

SOBRE EL AUTOR

El Doctor Alberto L. García es oriundo de Cuba. Sus estudios universitarios fueron logrados en la Universidad Concordia en Austin, Texas, y en la Florida Atlantic University, en las áreas de filosofía y estudios clásicos.

Obtuvo su Maestría en Divinidades del Concordia Theological Seminary, Springfield, Illinois. Fue ordenado al ministerio de la Iglesia Luterana del Sínodo de Missouri en 1974, y sirvió como pastor en la ciudad de Chicago.

Estudió en la Lutheran School of Theology de Chicago donde se especializó en teología sistemática en las áreas de cristología, antropología cristiana, y en la teología de Martín Lutero. De esa institución obtuvo su Maestría en Teología y su Doctorado en Filosofía.

El Dr. García ejerció como profesor de teología sistemática en el Concordia Theological Seminary, en Fort Wayne, Indiana; fue profesor adjunto de religión y cultura en la Florida International University en Miami, y profesor adjunto del Instituto Hispano de Teología del Seminario Concordia en Saint Louis, Missouri.

Actualmente ejerce como catedrático de la facultad de teología en la Universidad Concordia Wisconsin.

Es autor del libro *The Theology of the Cross in the 21st Century*, también publicado por Concordia Publishing House.

PREFACIO

La cristología es un tema esencial para la proclamación y la praxis del pueblo de Dios. Sin Cristo Jesús la iglesia carece de sentido, de una comunidad latente, y de poder y acción en la misión de Dios. Es por esto que esta obra lleva como tema central: Cristo Jesús: centro y praxis del pueblo de Dios.

Cristo Jesús llega a nosotros en todos los tiempos como palabra de vida y acción, por lo cual es importante para la iglesia cristiana visitar de nuevo, en todas las épocas, su proclamación y su obra por nosotros. He querido por mucho tiempo hacer este estudio principalmente en relación a las comunidades hispano-latinas en los EEUU. y las hispanoamericanas en Centro y Sudamérica. Esto no quiere decir que ignoro la iglesia evangélica católica, la iglesia universal de Cristo. Cristo Jesús pertenece a todos los pueblos y naciones. Pero entender a la iglesia universal requiere también que no ignoremos a la iglesia en su condición particular, local.

Esta obra se ofrece como una cristología en conjunto. Esto significa que estoy obligado a muchas personas en mi reflexión. Mi amor a los evangelios y a la fe evangélica luterana comienza con mi primer pastor, el Rev. Dr. Eugenio F. Gruell.

Durante mis estudios de formación teológica el Dr. David Scaer me contagió con su pasión hacia la cristología, particularmente cómo la misma tiene que tomar seriamente los evangelios. El Dr. Carl Braaten, durante mis estudios de postgrado, me condujo a reflexionar en la cristología bajo un dialogo serio con la tradición de la iglesia cristiana universal a la luz de las preguntas hechas en el mundo actual.

Pero mi presente estudio tiene mucho que agradecer a innumerables teólogos centro y sudamericanos, a la vez que a un número creciente de teólogos hispano-latinos en los EEUU que comparten conmigo una teología en conjunto para beneficio de nuestros pueblos. No me puedo olvidar del Dr. Juan Luís Segundo, ya fallecido, que me ayudó enormemente a reflexionar cómo las ideologías pueden impactar sobre la fe cristiana. Esto me ayudó a comprender cómo leer humildemente mi tradición evangélica luterana para desenmascarar a raíz de la misma los poderes del anti-reino. En estos últimos diez años he tenido el privilegio de caminar en una teología en conjunto con varios compañeras y compañeros hispano-latinos en los EEUU. Mucho le debo principalmente al Dr. Justo L. González, y al Padre Virgilio Elizondo, pioneros en reconocer nuestra situación en los EEUU. Ellos me han ayudado a leer la Biblia con ojos hispanos a la luz de nuestro mestizaje. Mucho le debo en comprender nuestra religiosidad popular al Dr. Orlando Espín, y al Dr. Harold Recinos. Le debo una inmensa palabra de gratitud a la Dra. Ada María Isasi-Díaz por su honestidad y su comprensión de lo cotidiano como horizonte de nuestra reflexión y praxis en los caminos de Cristo Jesús. No quiero omitir a otros. Pero el espacio no me permite nombrarlos. Sus influencias las encontraran inscritas en esta obra.

Quiero mencionar especialmente que esta obra nunca hubiera sido lograda sin las hermanas y hermanos que me acompañaron en nuestro ministerio con Cristo Jesús en Chicago, Illinois y Hollywood, Florida.

Ofrezco también mi gratitud al Rev. Héctor Hoppe, editor de Editorial Concordia, quien fue el que inició este proyecto y me ayudó inmensamente a realizarlo. Por el apoyo del Dr. Eldín Villafañe, el Dr. Timoteo Matovina, y el Dr. Justo González a esta obra, mis más sentidas gracias.

Finalmente quiero enfatizar que este libro como trabajo de interpretación contiene lagunas. Mis miras a los textos siempre contienen límites dada mi condición de ser un humano de carne y hueso. Se encuentran también límites de espacio para desarrollar esta obra. Pero lo que se limita bajo mi humanidad, espero que el Espíritu Santo, que nos hizo un pueblo en su bautismo, nos lance en el nombre de Cristo Jesús a vivir en comunidad y acción como pueblo de Dios.

Alberto L. García
Nochebuena
24 de diciembre, 2005
Brown Deer, Wisconsin

CONTENIDO

INTRODUCCIÓN AL ESTUDIO DE LA CRISTOLOGÍA

No cabe duda que Cristo Jesús es el punto clave y fundamental de nuestra fe y comunidades cristianas. El Dr. Martín Lutero afirma: "Pues gracias a Dios, un niño de siete años sabe qué es la iglesia, es decir, los santos creyentes y el 'rebaño que escucha la voz de su pastor'" (Jn 10:3).[1] Escuchar la voz de nuestro Señor Jesucristo es encontrar en su persona y hechos la revelación y acción de Dios Padre para nosotros. El autor de la Carta a los Hebreos nos lo asegura con estas palabras: "Dios, que muchas veces y de varias maneras habló a nuestros antepasados en otras épocas por medio de los profetas, en estos días finales nos ha hablado por medio de su Hijo" (Heb 1:1-2). Vemos claramente esa voluntad del Padre con relación a nosotros en el evento de la transfiguración. Allí nos exhorta nuestro Padre eterno en cuanto a Jesús: "Éste es mi Hijo amado; estoy muy complacido con él. ¡Escúchenlo!" (Mt 17:5).

Este capítulo es un estudio con la temática de la cristología. La cristología es una disciplina subordinada al estudio de la teología cristiana. El estudio de la cristología está dedicado principalmente a afirmar que Jesús es el Cristo, en su iglesia y en el mundo. La revelación que encontramos en el bautismo y la transfiguración de Jesús, lo destaca así. Jesús es el Cristo, el Mesías, pues es el Hijo escogido de Dios, su Ungido, en la obra de redención y salvación de la humanidad. Jesús mismo identifica su obra de este modo en relación con la confesión de Pedro respecto de su persona. En el Evangelio según San Mateo vemos que Jesús pregunta a sus discípulos acerca de su persona antes de su transfiguración. "–¿Quién dice la gente que es el Hijo del hombre?" (Mt 16:13)[2]. Sus discípulos se muestran confundidos ante este episodio de su vida. No obstante, Pedro proporciona la confesión de fe que Jesús esperaba: "–Tú eres el Cristo, el Hijo del Dios viviente."[3] Y Jesús aprueba la confesión de Pedro: "–Dichoso tú, Simón, hijo de Jonás, porque eso no te lo reveló ningún mortal, sino mi Padre que está en el cielo."

Este estudio de la cristología está dividido en tres partes. En la primera sección meditaremos sobre las Sagradas Escrituras, para ver cómo podemos confesar fielmente que "Jesús es el Señor" (Ro 10:9; 1Co 12:3; Fil 2:11)[4]. Reflexionaremos también respecto a varios temas bíblicos, que son muy importantes para comprender a Cristo Jesús en nuestra tarea pastoral entre hispanoamericanos en América Central y América del Sur, y entre hispano-latinos en los Estados Unidos de América.[5]

La segunda parte de nuestro estudio tendrá como objetivo un estudio clásico de la cristología. Ofreceremos en esta segunda parte temas importantes de la historia y patrística de la iglesia, en que se llegó a formular una confesión de fe sobre Jesucristo.

Reflexionaremos especialmente respecto de aquellas confesiones afirmadas en los concilios de Nicea (325), y Calcedonia (451), y reafirmadas en nuestras propias confesiones luteranas en La Confesión de Augsburgo (1530) y la Fórmula de Concordia (1577).

En la tercera parte de nuestro estudio, ofreceremos una reflexión pastoral a la luz de la cristología, sobre temas importantes para nuestras comunidades de fe hispanoamericanas en Centro y Sudamérica, e hispano-latinas en los Estados Unidos de América.[6] Muchos de estos temas ya serán destacados previamente en la primera y segunda parte de nuestro estudio. Entre los temas que examinaremos, se encuentra el lugar de Cristo como nuestro libertador en el contexto de nuestra fe en comunidad y sociedad, y en nuestra religiosidad popular. Jesús de Nazaret tiene mucho que decirles a nuestras comunidades hispanas y a nuestro mundo actual.

Un tema importante para el estudio de la cristología es la soteriología. La soteriología es el estudio de nuestra salvación lograda por Cristo Jesús. En nuestra tradición evangélica y católica siempre se ha hecho hincapié en la relación primordial que existe entre la cristología y la soteriología. El propósito principal de la reflexión en cuanto a los hechos y a la proclamación de Cristo Jesús, es encarnar su salvación integral en nuestras vidas y realidad histórica. Felipe Melanchton, destacado colega de Lutero de la universidad de Wittenberg, lo afirma de este modo en sus *Loci Comunes* de 1521: "Conocer a Cristo es conocer sus beneficios [para nosotros]" (*hoc est Christum cognoscere beneficium eius cognoscere*).[7] El mismo Lutero, en su explicación del Segundo Artículo del Credo, así lo afirma: "Creo que Jesucristo... es mi Señor que me ha redimido a mí."[8] Para nuestros reformadores existe una relación íntima de la soteriología con la cristología.

La Confesión de Augsburgo (1530), primera confesión católica evangélica de fe, lo afirma también en el Artículo III, "Acerca de Cristo". Al leer este artículo se verá que el propósito principal del Credo Apostólico y del Concilio de Calcedonia de afirmar la persona de Cristo Jesús, *es* para señalar su obra de salvación entre nosotros: "Asimismo se enseña que Dios el Hijo se hizo hombre, que nació de la inmaculada Virgen María, y que las dos naturalezas, la divina y la humana, están inseparablemente unidas en una persona... el cual es verdadero Dios y verdadero hombre, que realmente nació, padeció, fue crucificado, muerto y sepultado con la finalidad de un sacrificio, no sólo por el pecado hereditario, sino también por todos los demás pecados, y para expiar la ira de Dios.[9] Para nuestra tradición católica evangélica es muy importante, entonces, en nuestro estudio de Cristo, proclamar principalmente la realidad de su salvación entre nosotros.

Roger Haight, en un estudio monumental y apologético, desarrolla un estudio de la cristología para poder proclamar de manera inteligente la persona de Cristo en la presente cultura postmodernista.[10] Aunque no comparto su metodología y todas sus conclusiones, este autor traza, sin embargo, de una manera erudita cómo, desde la historia primitiva de la iglesia, la reflexión acerca de Cristo está íntimamente relacionada con sus hechos de salvación. El profesor Haight destaca principalmente cómo se han desarrollado en la historia de la Iglesia peleas y contiendas, debido a la intención de querer actualizar en cada siglo y momento el lenguaje de la salvación. El idioma que encontramos, por ejemplo, en el Credo Niceno y el Concilio de Calcedonia, tiene como propósito entender el mensaje de salvación en el contexto del mundo helenístico. Uno de los problemas de la teología dogmática es tomar esos lenguajes como punto de partida para expresar nuestra fe hoy en día. Eso me ocurrió a mí en 1982, al escribir un curso de cristología que fue usado en unos talleres en Centroamérica. Los hermanos profesores que utilizaron el curso en El Salvador, me reclamaron por el uso de un idioma dogmático del pasado, que no hacía contacto con los problemas concretos del pecado que ellos vivían, ni producía reflexión. Tenían mucha razón con sus comentarios.

En el Artículo III de la Confesión de Augsburgo, se puede observar cuán importante es reflexionar sobre la salvación respecto de nuestra situación actual, en el contexto del Nuevo Testamento y su época. El texto que cité del Artículo III, fue tomado de la obra y traducción reciente del *Libro de Concordia*. Esta traducción toma en cuenta solamente el texto alemán y no el latín. En realidad, el texto en latín es el original y el alemán es una traducción lograda por Matías Jonás. En el texto alemán aparece muchas veces una interpretación que agrega palabras o conceptos al texto original. Mi propósito aquí no es el de refutar una traducción para reemplazarla por otra que sea más fiel. Más bien quiero resaltar que en esa traducción alemana se destaca la solución del pecado por Cristo, al "ser un *sacrificio*... y *expiar la ira* de Dios", mientras que en el texto original en latín se destaca "que Cristo verdaderamente padeció y fue crucificado, muerto y sepultado para *reconciliarnos* con nuestro Padre".[11] Si se estudian los textos bíblicos y su reflexión en la historia de la iglesia, se podrá observar que el lenguaje de la reconciliación, tanto como el del sacrificio de Cristo, pertenece al tema de la soteriología.

No obstante, hemos podido observar que en el *Libro de Concordia*, en las Confesiones Luteranas, se destacan dos perspectivas o puntos de partida para confesar y proclamar el motivo de la vida y los hechos de Cristo Jesús por nosotros. En el contexto del idioma alemán se prefiere destacar la muerte de Cristo como sacrificio y en latín como reconciliación. Al realizar una teología pastoral, tenemos que estar conscientes de que el lenguaje que usamos para expresar la salvación de Cristo puede ser orientado por una actitud fiel a las Sagradas Escrituras, actitud que, dictada por nuestras miras al estado de cosas que vivimos, nos urge a emplear más ciertos conceptos teológicos con preferencia a otros. También nos invita a usar ciertos conceptos claves que dictan nuestro entendimiento de otros. Por ejemplo, si miro la salvación partiendo del concepto de la reconciliación, se facilita, al menos para mí, y creo que también dentro del contexto hispanoamericano, hablar del significado de la salvación en un sentido más de comunidad, y que afecta no a un simple individuo sino a todo el pueblo de Dios. Releer los hechos de Cristo y el significado de su persona en el sentido de reconciliación entre Dios y la humanidad y entre las comunidades humanas, nos permite ver el sentido del sacrificio de Cristo Jesús más allá de un sacrificio con valor para un individuo solamente (para mí y por mis pecados). Esta lectura no quita nada del sentido de que Cristo Jesús murió por mis pecados. Ahora sí, esta lectura invita a ver los hechos de Cristo Jesús como un sacrificio de solidaridad para una comunidad y el mundo, y no como un hecho que afecta solamente a un individuo. Para llegar a hacer esas relecturas, tenemos que adentrarnos de nuevo fielmente en las Sagradas Escrituras y nuestra historia eclesiástica, para ver cómo nuestro Dios nos habla en el contexto de nuestra comunidad y mundo actual. El punto central de nuestro estudio cristológico, es reflexionar y construir una teología pastoral que esté dirigida a tomar estos caminos donde de nuevo podamos proclamar a Cristo Jesús como "Emanuel" [que significa "Dios con nosotros"] (Mt 1:23). Antes de echar manos a la obra, tenemos que señalar el método que preferimos seguir en este estudio.

METODOLOGÍA A SEGUIR EN EL ESTUDIO DE LA CRISTOLOGÍA

El punto de partida a seguir se puede describir usando una cita del Dr. Martín Lutero y otra del apóstol San Pablo. Lutero explica de este modo qué camino tomar en el estudio de la cristología y la soteriología: "Cristo debe ser conocido como hombre, antes de ser conocido como Dios; y primeramente debemos seguir y entender el camino de su cruz y su humanidad antes de que conozcamos la gloria de su divinidad. Cuando lo tomemos como hombre, inmediatamente nos llevará a conocerlo como Dios."[12]

Para Lutero era muy necesario estudiar y conocer la trayectoria humana de Cristo y de su cruz. Uno de los problemas que hemos heredado del estudio de la cristología clásica es que notamos muy rápida y fácilmente la realidad de la humanidad de Cristo Jesús. Hacer esto casi niega su humanidad, al verla como algo abstracto. Al leer los evangelios vemos que Jesús era judío y muy identificado como galileo, por ser de la región de Galilea. Su nombre lo dice todo: Jesús de Nazaret. Era decididamente identificado con los habitantes de Galilea. Vivía en un contexto humano real, y recibía el impacto de su contexto social e histórico. Empezar a ver a Jesús en todas sus dimensiones y sufrimientos humanos es muy importante para nuestra cristología actual en los contextos latinoamericanos e hispanoamericanos.

Al leer trabajos recientes sobre la cristología en Hispanoamérica y también otros escritos de teólogos hispanos en los EE.UU. de N.A., vemos que parten de un punto de vista antropológico.[13] Se trata de ver cómo Cristo Jesús hace impacto en nuestra vida de seres humanos. Recuerdo, en una de mis visitas a la ciudad de Guatemala, cómo, en la catedral del centro de la ciudad, el pueblo se identificaba con el sufrimiento de un Cristo mestizo. Veían en ese Cristo mestizo un ser humano que se identificaba con los dolores del pueblo en sus problemas y dificultades. Esta visión de Jesús era una de solidaridad e identificación con sus problemas humanos. En las comunidades mexicanas de los EE.UU. de N.A., vemos también esa identificación con el sufrimiento de un Cristo muy humano. Así se reconoce que Cristo entiende nuestro sufrimiento y se solidariza con nosotros. Es muy importante empezar con la humanidad de Cristo Jesús, aunque ésta siempre nos guía, en las Sagradas Escrituras, a reconocer en su vida y hechos la plenitud de la presencia de Dios. Un gran número de teólogos contemporáneos que siguen una línea antropológica sobre la cristología, no llegan a la afirmación que Cristo Jesús es a la vez verdadero Dios. Esta visión no puede ser ignorada. Jesús revela también esta otra dimensión de su persona en su devenir como hombre en la historia. Cristo Jesús es verdadero Dios: "Porque a Dios le agradó habitar en él con toda su plenitud" (Col 1:19). Así y todo, Pablo, autor de la carta a los Colosenses, prefiere trazar primeramente el camino de la humanidad de Cristo para llegar a conocerlo como nuestro Señor y Salvador. Leemos en su carta a los Filipenses: "Haya, pues, en vosotros, este sentir que hubo también en Cristo Jesús, el cual, siendo en forma de Dios, no estimó el ser igual a Dios como cosa a que aferrarse, sino se despojó a sí mismo tomando forma de siervo, hecho semejante a los hombres; y estando en la condición de hombre, se humilló a sí mismo, haciéndose obediente hasta la muerte, y muerte de cruz. Por lo cual Dios le exaltó también hasta lo sumo, y le dio un nombre que es sobre todo nombre, para que en el nombre de Jesús se doble toda rodilla de los que están en los cielos, y en la tierra, y debajo de la tierra; y toda lengua confiese que Jesucristo es el Señor, para gloria de Dios Padre" (Fil 2:5-11, RV, 1960).

Pablo toma como punto de partida la presencia de Jesús entre nosotros como verdadero hombre y Dios encarnado[14] en todas nuestras circunstancias humanas. Este devenir como hombre en obediencia al Padre celestial, lleva a Jesús a ser glorificado por Dios como su verdadero Hijo. Los evangelios trazan también esta línea de revelación y acción. Solamente después de que Jesús se entrega en su bautismo a su ministerio del camino hacia la muerte en la cruz, y anuncia antes de su Transfiguración "que tenía que ir a Jerusalén a sufrir... y que era necesario que fuera matado" (Mt 3:13-16; y Mt 16:21; 17:5), es declarado por su Padre como Hijo amado, en quien estaba muy complacido. Jesús anuncia muy claramente su misión: "Porque ni aun el Hijo del hombre vino para que le sirvan, sino para servir y para dar su vida en rescate por muchos," (Mr 10:45). No ver al Hijo de Dios en su condición completamente humana, es no entender su vida de servicio completo por nosotros. Antes de emprender esta labor, quisiera ofrecer ciertas pautas de conflicto en el estudio contemporáneo de la cristología.

UNA CRISTOLOGÍA ALTA ANTE UNA CRISTOLOGÍA BAJA

El punto de partida de los teólogos confesionales con raíces en la Reforma católica evangélica (luterana) es, que afirmamos una Cristología Alta. En otras palabras, afirmamos como fundamento real de nuestra fe cristiana la preexistencia del *Logos*, la segunda persona de la Santísima Trinidad, Cristo Jesús. Afirmamos que "Cristo... es verdadero Dios" (KA, III, 3). Tradicionalmente, los estudios dogmáticos de la cristología comienzan con un estudio del prólogo del Evangelio según San Juan, capítulo primero (especialmente Jn 1:1-14, 18), para demostrar esa preexistencia e igualdad como divinidad, en todos los sentidos, entre el Padre y el Hijo: "En el principio ya existía el Verbo, y el Verbo estaba con Dios, y el Verbo era Dios... Y el Verbo se hizo hombre y habitó entre nosotros" (Jn 1:1, 14).

Nosotros afirmamos absolutamente que Cristo Jesús es Dios. El Credo Niceno fue escrito principalmente para afirmar esta realidad ontológica ante el arrianismo. Finalmente, si no afirmamos esta realidad, no podemos llegar a obtener la plena consolación que esperamos, como lo afirma Lutero en su *Catecismo Mayor*: "Y nos faltó todo consejo, auxilio y consuelo hasta que el Hijo único y eterno de Dios se compadeció de nuestra calamidad y miseria con su insondable bondad y descendió de los cielos para socorrernos."[15]

Pero vemos también que esta realidad, como observa Lutero,

llega a no tener significado y se vuelve una realidad abstracta, si nuestro Dios no se sitúa en nuestra problemática humana. La realidad de la divinidad de Cristo tiene que ser enfocada dentro de la realidad de su humanidad entre nosotros.

En el desarrollo de la materia de la cristología contemporánea, se le da más énfasis a reflexionar respecto al Jesús histórico solamente de una manera antropológica. Es decir, se estudian los evangelios para ver cómo Jesús tomó una postura auténticamente humana para darnos un ejemplo de cómo vivir en el reino de Dios. Muchos de los que siguen esta postura llegan solamente hasta allí. No quieren llegar a la conclusión que Cristo Jesús es Dios y que existe con su Padre desde siempre y para siempre. Esta postura es contraria a lo que afirma la Carta a los Hebreos: "El Hijo es el resplandor de la gloria de Dios, la fiel imagen de lo que él es, y el que sostiene todas las cosas con su palabra poderosa" (Heb 1:3).[16]

Nosotros afirmamos en este estudio, de una manera real y ontológica, que Cristo Jesús es Dios. Somos proponentes de una Cristología Alta. No puede haber solución final a nuestro laberinto de soledad humana sin la presencia absoluta de Dios y su amor entre nosotros. Pero es imprescindible afirmar la realidad de Dios entre nosotros en su verdadera humanidad. Y tenemos que recorrer primeramente el camino de Jesús histórico en su real contexto humano para llegar a esta afirmación. Si no lo hacemos así, recibimos la consolación del Príncipe de Paz de una manera muy abstracta. Su presencia no se relaciona con nuestra necesidad humana.

Cristo Jesús fue encarnado para asumir y tomar nuestra condición humana. Se debe seguir entonces, en nuestras reflexiones cristológicas, un camino histórico que conduzca a la reflexión y discernimiento de la vida, hechos y predicación de Cristo Jesús, para confesarlo entonces en el contexto de su encarnación y verdadera humanidad, como Dios. Algunos teólogos conservadores, que confiesan como yo una Cristología Alta, creen que si no se comienza el estudio desde arriba, no se puede confesar a Jesús como Dios. Eso no es correcto si tomamos en cuenta las citas de Pablo y Lutero ya ofrecidas aquí. En otras palabras, se puede comenzar el estudio acerca de Cristo desde abajo de la escalera y llegar a afirmar una Cristología Alta. En general, los teólogos tradicionales comienzan su examen de la persona de Cristo desde lo más alto de la cumbre de la escalera para sus reflexiones teológicas.[17] Digo que, considerando nuestro contexto histórico y nuestra postura pastoral entre el pueblo hispano, no podemos empezar desde arriba de la escalera.

Luis G. Pedraja, teólogo que escribe desde un punto de vista hispanoamericano en los EE.UU. de N.A., nos ofrece un buen ejemplo de aquello a lo que me refiero.[18] Pedraja critica el contexto del idioma sobre la encarnación en inglés, por ser tan abstracto. El nombre de Jesús es muy sagrado y reservado para Dios. Hasta es un sacrilegio clamar su nombre en alta voz entre nosotros. En nuestro contexto hispano, el nombre Jesús significa una persona real que vivió y habitó en todas sus dimensiones humanas con nosotros. Por eso nos es tan fácil mencionar su nombre entre nosotros. Escuchar decir "¡Ay, Jesús!" de boca de nuestras abuelitas, no es un sacrilegio sino una bendición en la vida cotidiana. Por eso en nuestras familias nuestros tíos, hermanos y primos muchas veces llevan el nombre de Jesús. Pedraja quiere, por eso, enlazar al Jesús histórico y su vida cotidiana con el *Logos* encarnado, para demostrar el amor de Dios en nuestras comunidades.

Si seguimos por un momento el desarrollo de la cristología en la obra de Juan T. Mueller, vemos que él comienza su estudio con "La doctrina de la persona de Cristo". En este tema trata primero acerca de la "verdadera deidad de Cristo" (comenzando por supuesto con Jn 1:1) y luego sobre la "verdadera humanidad de Cristo".[19] En esta segunda sección trata mayormente acerca de los temas de la perfecta impecabilidad e impersonalidad de Cristo Jesús en su naturaleza humana. En otras palabras, los temas estudiados son abstractos y dedicados mayormente a explicar y defender la divinidad de Jesús. Luego, en la sección donde toca el tema de la humillación de Cristo, habla de temas más relacionados con su humanidad, como su nacimiento, educación, circuncisión y sufrimientos.[20] Pero estos temas se vuelven abstractos al no verse relacionados con su contexto histórico social y su vida cotidiana como lo revelan los evangelios. Es muy importante recobrar a Jesús bíblico e histórico si vamos a proclamar a Cristo Jesús en nuestras comunidades y circunstancias humanas. A esa labor de amor nos entregamos para señalar a Jesús el Cristo que camina junto a nosotros con su amor incondicional.

En resumen, insistimos en que tomar la postura de una Cristología Alta, afirmando finalmente que Cristo Jesús es Dios, no invalida una cristología *desde* abajo, donde miramos primeramente a su historia genuina en relación con nosotros. Lo que hace una Cristología Baja, es invalidar la conclusión final en la Cristología Alta desde abajo, nuestra historia con Jesús.

PREGUNTAS PARA REFLEXIÓN

1. ¿Qué es el estudio de la cristología?
2. ¿Qué es el estudio de la soteriología?
3. ¿Cómo impacta el tema de la reconciliación en la proclamación de la salvación entre nuestro pueblo hispano?
4. ¿Qué diferencia hay en la posición teológica entre una Cristología Alta y una Cristología Baja?
5. ¿Se puede emplear una cristología desde abajo y mantener una Cristología Alta?
6. ¿Cómo nos ayuda una cristología desde abajo en proclamar a Cristo en nuestras comunidades hispanas?

PRIMERA PARTE
El Jesús histórico como nuestro punto de partida

CAPÍTULO UNO

SU NACIMIENTO VIRGINAL

Los credos Apostólico y Niceno son los dos credos fundamentales de la confesión de la iglesia cristiana acerca de Cristo Jesús. El Credo Apostólico es parte, más bien, de la Iglesia Católica Romana y la Evangélica Protestante, por sus raíces occidentales. El Niceno es un credo más ecuménico, pues es afirmado por las iglesias cristianas orientales, como la Ortodoxa, y a la vez por las iglesias de Occidente, la Romana y las Protestantes. No obstante, los dos credos dan por ciertos algunos datos sobre la vida de Cristo Jesús, que consideran muy importante afirmarlos. En el Credo Apostólico leemos: "Creo... en Jesucristo, su único Hijo, nuestro Señor, que fue concebido por obra del Espíritu Santo, nació de la virgen María; padeció bajo el poder de Poncio Pilato, fue crucificado, muerto y sepultado; descendió a los infiernos, al tercer día resucitó de entre los muertos; subió a los cielos; y está sentado a la diestra de Dios Padre todopoderoso..."[21]

En el Niceno se afirma algo similar: "Y creo en un solo Señor Jesucristo, Hijo unigénito de Dios... el cual por amor de nosotros y nuestra salvación, descendió del cielo y encarnado en la virgen María por el Espíritu Santo, fue hecho hombre, y fue crucificado también por nosotros bajo el poder de Poncio Pilato. Padeció y fue sepultado, y resucitó al tercer día según las Escrituras, y ascendió a los cielos, y está sentado a la diestra del Padre..."[22]

No cabe duda que las declaraciones de estos Credos sobre la vida de Jesús, son afirmadas en las Sagradas Escrituras. Desde la época del Iluminismo y en el contexto de la época moderna, época ya casi ofuscada por el postmodernismo, varias de estas declaraciones sobre Jesús no se toman como históricas, sino más bien como mitológicas. Hemos visto en el Credo Niceno cómo, al confesar la encarnación de Jesucristo, se refiere a que "descendió de los cielos," y luego "ascendió a los cielos". No cabe duda que en nuestra visión y entendimiento científico del universo, esta clase de idioma no encaja en la realidad actual. Podemos afirmar con Lutero y otros reformadores, que ese idioma sobre Jesús de descender y ascender para luego sentarse a la diestra de Dios Padre es un antropomorfismo, un idioma simbólico que atribuye un comportamiento humano a la manera de ser de Dios en su esencia divina y eterna. Al señalar que Cristo Jesús *descendió* a nosotros, se utiliza un idioma simbólico para afirmar la realidad de su encarnación. Esa realidad identifica a Cristo Jesús como Dios desde los siglos y lo manifiesta ahora presente y realmente encarnado entre nosotros. Lo mismo podemos decir de su ascensión y de ir a sentarse a la diestra de Dios Padre. Aquí, en el marco de un idioma antropomórfico y simbólico, se marca el poder de Cristo Jesús como Señor sobre todo reino y dominio en los cielos y la tierra. No obstante, dentro de ese espíritu de interpretación, algunos teólogos contemporáneos separan de Jesús histórico el hecho de su nacimiento virginal. Creo que esta postura teológica separa, con graves consecuencias, a Jesús de Nazaret de nuestras comunidades cristianas de Hispanoamérica y de los EE.UU. de N.A.

A. TESTIMONIO BÍBLICO DEL NACIMIENTO VIRGINAL

El punto con potencial de futuro desarrollo de las reflexiones cristológicas para nuestras comunidades latinoamericanas e hispanas, es regresar al Jesús histórico, de Nazaret, pueblo de la región de Galilea. Esto es decididamente el punto de partida de Jon Sobrino y de Virgilio Elizondo.[23] Virgilio Elizondo reflexiona de una manera muy trascendental respecto del contexto cultural y social de Jesús, por estar ubicado allí en Galilea. Sobrino no le presta mucha atención a ese dato. Los dos teólogos destacan el camino histórico de Jesús en su predicación del reino de Dios entre nosotros. No obstante, los dos autores ignoran el nacimiento virginal, de María, por obra y gracia del Espíritu Santo (Mt 1:20; Lc 1:35). Exploraremos los puntos exegéticos sobre el nacimiento virginal y sus consecuencias para una pastoral para nuestro pueblo iberoamericano.

Edward Schillebeeckx recoge los puntos exegéticos importantes que llevan a ignorar el nacimiento virginal:[24] 1. El nacimiento virginal es afirmado solamente por Mateo (Mt 1:18-21) y Lucas (Lc 1:26-38). 2. Es desconocido en otras comunidades primitivas; y su testimonio y reflexión teológica parecen descender de una cultura grecojudía (judíos que vivían y eran influenciados por la cultura griega). 3. Jesús es identificado como hijo de José en el evangelio según San Juan por Felipe (Jn 1:45), y esto no le resta importancia para reconocerlo como el *Logos*, Dios de igualdad con el Padre antes de todos los siglos. David Scaer menciona también otra razón ofrecida por exegetas: 4. Lucas, como autor del Libro de los Hechos, no destaca este dato evidente en la predicación del *kerigma* (el mensaje del evangelio) de esa Iglesia Primitiva. Es importante reconocer que en todo estudio exegético y teológico, nuestra ideología puede hacer impacto de diferentes maneras en nuestras interpretaciones. De manera que, ofrecer posibilidades de cómo explicar estas objeciones exegéticas, puede llegar a ser interminable.

Así y todo, debemos ver ciertas posibilidades exegéticas y apologéticas de cómo resolver estas dudas: 1. Además de Mateo y Lucas, veamos otras dos citas sobre el nacimiento virginal. En Juan 1:13 puede verse cierto entendimiento del nacimiento virginal, puesto que se habla de que se nos dio el derecho de ser nacidos hijos de Dios, no por "sangre, ni por deseos naturales... sino que nacen de Dios." Aquí se puede entender que el nacimiento de Cristo Jesús no fue por un acto sexual sino por la obra del Espíritu Santo. La carta escrita por Pablo a los Gálatas es considerada uno de los cuatro escritos más antiguos del Nuevo Testamento. Además, fue escrita a un pueblo judío (hebreo). Aquí Pablo hace referencia directa al nacimiento de Cristo Jesús por medio de una mujer, y no menciona un padre terrenal: "Pero cuando se cumplió el plazo, Dios envío a su Hijo, nacido de una mujer, nacido bajo la ley" (Gá 4:4). Existen otras evidencias textuales, tales como la consideración de la herencia de Cristo en el contexto hebreo.[25] El Canon, regla de libros sagrados establecida en el contexto apostólico de la iglesia, nunca ha dudado estos evangelios como parte integral del Nuevo Testamento. 2. No cabe duda que se reconoce evidentemente una teología con raíces y base judías (hebrea) en los evangelios de Mateo y Lucas. Si la idea de un nacimiento virginal hubiera sido tomada de un contexto griego o dedicado a mitologías oriundas de Grecia, no cabe duda que Pablo y Lucas hubiesen hecho mención de ellas aunque no las hubieran aprobado. Vemos, por ejemplo, cómo Pablo destaca los elementos helenísticos en el areópago de Atenas, en Hechos 17 (Comp. Hch 17:28). 3. Es evidente que en Juan 1:45 Felipe identifica a Jesús como hijo de José. No obstante, si se lee el testimonio interno del Evangelio, vemos que cuando Jesús se identifica como alguien único, hijo del Padre eterno (Jn 6:40), los judíos lo rechazan por su situación y localidad histórica: "¿Acaso no es éste Jesús, el hijo de José? ¿No conocemos a su padre y a su madre? ¿Cómo es que sale diciendo: 'Yo bajé del cielo'?" Decididamente, en este contexto se menciona la vida cotidiana y familiar de Jesús con la intención de considerarlo meramente humano y despreciarlo como el Hijo de Dios. Observando el testimonio interno del Evangelio según San Lucas, vemos cómo el evangelista reconoce que Jesús, por vivir en el hogar de José y María: "Era hijo, según se creía, de José." Así y todo, el Evangelio de Lucas, al igual que el de Mateo, atestiguan su nacimiento virginal. Lucas también reconoce, al igual que Juan, que Jesús es criticado por su primer mensaje en la sinagoga, al identificarse como el Mesías que Isaías proclama (Is 61:1-2).

La táctica consiste en desacreditar el mensaje y la persona de Jesús al identificarlo como el hijo de José y María. Debe notarse que en la genealogía de Mateo se identifica a Jesús como procedente del linaje de José, que es el linaje de Abraham y David, aunque no se define a José como padre biológico: "Y Jacob fue padre de José, que fue el esposo de María, de la cual nació Jesús, llamado el Cristo" (Mt 1:16). Su madre María, como podemos ver en el contexto de Lucas, procede también del linaje de David por su parentesco con Elisabet. La madre de Jesús y su padre adoptivo son del linaje de David. Con todo, aun conviviendo Jesús con su familia en Nazaret e identificándose con la región de Galilea, se le desprecia, sin embargo, como el verdadero Mesías y profeta de Dios (Jn 6:40-41). Es importante reconocer que la vida cotidiana y la localización histórica de Jesús, son señaladas en los evangelios, varias veces, por aquellos que quieren negarlo como divino. Es importante notar, como veremos en la historia de Cristo Jesús, que se le identifica más bien de manera irónica como galileo en su calidad de Hijo de Dios. 4. Al apuntar que Lucas no destaca su nacimiento virginal en la predicación apostólica en los Hechos de los Apóstoles, no se toma en cuenta la tarea de Lucas como historiador. Nunca se debe separar el Evangelio del libro de Hechos en su narrativa. Lucas no se repite sino que define su relato de Hechos como una continuación del relato del Evangelio.

B. CONSIDERACIONES TEOLÓGICAS

La obra cristológica del teólogo luterano Wolfhart Pannenberg ha llegado a ocupar un lugar importante en la formación cristológica de varios teólogos contemporáneos.[26] La obra de Pannenberg fue escrita para afirmar, en su Teología de la Esperanza, el valor del Jesús histórico, con motivo de su predicación del reino de Dios y su resurrección histórica. Es interesante notar que, aunque Pannenberg afirma la preexistencia de Cristo para hacer resaltar el mensaje del Reino de Dios como un reino de gracia, así como así rechaza el nacimiento virginal de María como "leyenda."[27] Su manera de razonar sugiere su propia ideología. En su estudio sobre la Resurrección se basa principalmente en 1 Corintios 15. Ve este texto como genuinamente histórico por su evidencia de testigos, aunque ve el evento de la resurrección como algo único en la historia.[28] En este contexto Pannenberg sí refuta opiniones sobre la resurrección que sugieren que ésta fue heredada de cultos de dioses griegos. Estoy de acuerdo con esta actitud histórica de declarar la resurrección de Jesús como algo fundamental e histórico. No obstante, la narrativa y el testimonio de los evangelios de Mateo y Lucas sobre el nacimiento virginal, deben ser tomados seriamente. No tomarlos con seriedad es dejar de lado el testimonio de María sobre su hijo Cristo Jesús y no compartir con ella su afirmación de la obra mesiánica.

La afirmación del nacimiento virginal ha ocupado dos funciones importantes en la cristología primitiva y tradicional. Primero, refuta una cristología adopcionista. El nacimiento virginal refuta que Jesús llega a ser el Cristo solamente por su adopción como hijo en su obra moral y justa como hombre íntegro, por el Padre celestial. En este tipo de cristología, Jesús es visto escogido por Dios como Mesías solamente en el momento de su bautismo (Mt 3:13-16). Aunque no es Dios desde la eternidad –afirman los adopcionistas–, se manifiesta completamente como Hijo de Dios en su humanidad íntegra ante el Padre. Desde este punto de vista, Jesús es digno de aprobación por sus obras humanas en vez de serlo por su gracia. Tenemos aquí una cristología que depende de las obras y no de la presencia de la gracia de Dios. Segundo, y muy importante para nuestra formación evangélica y testimonio, es el hecho de su nacimiento virginal por el poder del Espíritu Santo. Este testimonio rechaza el docetismo. El docetismo declaraba a Cristo Jesús con una apariencia (el verbo en griego *dokéo* significa "parecerse a...") humana, pero que realmente no era humano. El nacimiento virginal declara que ese Mesías, Cristo Jesús, que revela la presencia real de Dios, es en verdad un ser humano en solidaridad con la raza humana. Este testimonio de fe es refutado, como lo hace Pannenberg, por otro teólogo luterano, Carl Braaten, "por ya no tener un sonido claro en contra del docetismo para oídos modernos".[29] Braaten continúa: "No nos podemos imaginar cómo pueda este relato hacer real el interés por una postura de fe en la humanidad verdadera del Salvador. ¿Por qué debe la ausencia de paternidad humana hacer más ostensible la verdad de la presencia de Dios en la Encarnación?"[30] Mi argumento es que sí tiene todo que ver para el testimonio de nuestras voces hispanolatinas. Veamos el porqué.

Karl Barth, en su obra *Dogmática de la Iglesia*, afirma el nacimiento virginal como un dato importante en nuestra confesión de fe.[31] Barth, al igual que Pannenberg, quiere destacar la gracia de Dios entre nosotros. Por ese motivo quiere eliminar la paternidad humana. Solamente recibimos de Dios su gracia y posibilidad de amor eterno. Barth, contrario a Pannenberg reconoce que "la virginidad de María en el nacimiento del Señor", ocupa un lugar central en entender la presencia de Dios con nosotros.[32] Por ese motivo, Pannenberg opina, y Braaten concuerda, que la postura de Barth lleva a una mariología. Si el hombre José, por su humanidad, no puede ser vehículo de Dios, pero la mujer María sí recibe el favor de Dios, implica para Panneberg cierta afirmación de un regalo o don especial dado solamente a María.[33] Pannenberg, así como así, reconoce que para Barth el rol especial de María es el de ser el mejor ejemplo de "cómo un ser humano recibe" la gracia de Dios. En este sentido, Pannenberg concuerda, citando a Lutero y su obra sobre *El Magnificat*. Lutero pone énfasis, en su exégesis de Lucas 1:46-55, en que no se debe dar honor a María por motivo de su persona, sino como un supremo ejemplo de ser portadora de la gracia de Dios. Ella es el mejor ejemplo del discipulado de Jesús, al vivir ante el mundo entero esa gracia divina, esa confianza de fe, amor y adoración a Dios.[34]

Mirándolo desde un punto de vista confesional, no cabe dudar la veracidad del hecho del nacimiento virginal. Para mí está claro que es muestra del Dios preexistente que se encarna entre nosotros. Pero debemos también mirar desde un punto de vista histórico. Desde aquí se hace mucho más real la encarnación de Cristo Jesús en sus dimensiones de comunidad, históricas y sociales. Creo, como Lutero, que María presta su voz humana muy especial para lo que significa ser discípulos de la cruz caminando con Cristo Jesús en el mundo. La voz de María es la que revela la voluntad universal de Dios al mundo, pero con miras muy especiales por los pobres y desvalidos. María es bendita al ser el vehículo de proclamación de las maravillas de la salvación de Dios al mundo: "Mi alma glorifica al Señor, y mi espíritu se regocija en Dios mi Salvador, porque se ha dignado fijarse en su humilde sierva. Desde ahora me llamarán dichosa (bendita) todas las generaciones, porque el Poderoso ha hecho grandes cosas por mí. ¡Santo es su nombre! De generación en generación se extiende su misericordia a los que le temen. Hizo proezas con su brazo; desbarató las intrigas de los soberbios. De sus tronos derrocó a los poderosos, mientras que ha exaltado a los humildes. A los hambrientos los colmó de bienes, y a los ricos los despidió con las manos vacías" (Lc 1:46-53).

Desde un punto de vista histórico, esta narración implica aún mucho más. No voy a entrar en pruebas históricas sobre el nacimiento virginal, ya que es un artículo de fe. Pero sí tenemos que adentrarnos en el relato del nacimiento virginal, con su poder en el contexto histórico de María y José y su impacto en esa familia ante la sociedad. No cabe duda que en los Evangelios de Mateo y Lucas María se ve marginalizada al ser repudiada y discriminada por su embarazo virginal (Mt 1:18-19; Lc 1:34). José también se encuentra afectado por esa situación ante la sociedad (Mt 1:19). Pero él, también por revelación divina, decide tomar su cruz, en solidaridad y afirmación del milagro realizado en su esposa. El nacimiento virginal marca, a la vez, la presencia de la gracia de Dios que crea vida nueva para esta familia y el pueblo de Dios. Crea fe en la promesa de que Dios nos acompaña en vidas nuevas de servicio. Señala entonces un caminar con Jesús, en que no solamente nos llama Dios a tomar nuestra cruz, sino también a recibir vida nueva para nuestra familia y comunidad. Es un llamado a un nuevo día con miras a la resurrección, pues Dios crea vida nueva en nuestra condición humana. Aquí se ve una afirmación de Dios por esa familia, en el compañerismo y la aceptación del amor y la gracia que Dios les ofrece. Desde un punto de vista histórico, el nacimiento virginal nos permite ver cómo Dios afirma y sana nuestros matrimonios y familias, y nos acompaña con su gracia en nuestras circunstancias humanas más precarias. Por su gracia, nuestras situaciones, juzgadas por la sociedad como indignas, son transformadas por su amor y nuestra esperanza en la afirmación de la dignidad de nuestro hogar, ante un mundo pecador y opresivo. Es una afirmación de vida nueva y nuevos comienzos para la familia, en un mundo que desgasta nuestro amor y comunidad.

Es muy importante también, reconocer que José no ahoga la voz ni la actitud privilegiada de María dada por el Espíritu Santo. Es más, se une en servicio a Dios, atento a la misma voz, y acompaña a María en anunciar el mensaje de la salvación de Dios. Aquí se crea una nueva comunidad con la esperanza puesta en el regalo de vida nueva en Cristo Jesús. Esta visión (de nueva vida) se profundiza y llega a ser aún más evidente, al situar a Cristo Jesús en Nazaret, en la región de Galilea.

PREGUNTAS PARA REFLEXIÓN

1. ¿Cuál es la importancia del testimonio del nacimiento virginal de Jesús para la Iglesia Primitiva?
2. ¿Cómo contribuye la narrativa del nacimiento virginal de Jesús a nuestras comunidades latinas?

CAPÍTULO DOS

EL PUNTO DE PARTIDA HISTÓRICO DE JESÚS DE GALILEA

Todos los evangelios identifican a Jesús con la región de Galilea (Mr 1:9; Mt 2:22-23; Lc 4:14-24; Jn 7:41). Aunque Jesús era descendiente genuino del linaje de David, por su situación histórica como habitante de Galilea era despreciado en su obra mesiánica: "¿Cómo puede el Cristo venir de Galilea? ¿Acaso no dice la Escritura que el Cristo vendrá de la descendencia de David, y de Belén, el pueblo de donde era David?" (Jn 7:41-42). Así también desprecian a su familia (Mt 2:21-23). Pero su destino era identificarse con Nazaret y Galilea (Mt 2:23). Es de la región de Galilea desde donde comienza su ministerio y predicación acerca del reino de Dios (Mr 1:14 y Mt 4:17). Fue allí en Galilea, durante su proclamación inicial en la sinagoga, en que en el poder del Espíritu revela por primera vez que él es el Mesías declarado por el profeta Isaías (Is 61:1-2). Así lo narra Lucas: "El Espíritu del Señor está sobre mí, por cuanto me ha ungido para anunciar buenas nuevas a los pobres. Me ha enviado a proclamar libertad a los cautivos y dar vista a los ciegos, a poner en libertad a los oprimidos, a pregonar el año del favor del Señor" (Lc 4:18-19). Inmediatamente, cuando todos tenían los ojos clavados en él, les anuncia: "Hoy se cumple esta Escritura en presencia de ustedes" (Lc 4:21). Su primer milagro, de convertir agua en vino, del mejor, ocurrió en Caná de Galilea (Jn 2:11). Durante su entrada final en Jerusalén, se le identifica sin dudas como "el profeta Jesús, de Nazaret de Galilea" (Mt 21:10-11). Después de su resurrección, Jesús regresa a Galilea y es desde allí que proclama su Gran Comisión, esa encomienda a su iglesia de hacer discípulos de todas las naciones (Mt 28:16-20).

Pero también otros protagonistas principales en el drama de la salvación son de Galilea. La mayoría de sus apóstoles proceden de esta región (Mt 4:18-21). Las mujeres de Galilea son las que le siguen y atienden su necesidad en Jerusalén (Mt 27:55-56). A la vez son las primeras en escuchar las buenas nuevas de su resurrección, y regresar a Galilea para dar testimonio de un hecho tan grande ante los discípulos de Cristo Jesús (Mt 28:5-7; Lc 24:1-12). Los discípulos eran identificados y señalados como discípulos de Cristo por su acento y comportamiento galileo (Mt 26:69-73).

¿Cuál es la importancia, para la cristología, de que Jesús proceda de Galilea? Obviamente, tenemos suficientes testimonios en los evangelios para reconocer seriamente este dato histórico en la vida de Cristo Jesús. Es de gran significado para la cristología, si localizamos a Galilea en su contexto cultural en la época de Jesús.

Galilea se consideraba en esos días una región que pertenecía a la periferia, un mundo fronterizo con relación al judaísmo. Esa región era considerada también una confluencia de las grandes caravanas de comercio de aquel mundo. Era, consecuentemente, una región donde varias culturas y lenguajes convivían en sus pueblos. Roberto Goizueta nos describe el modo en que era percibido ese clima cultural por los judíos: "Galilea era juzgada en muchas ocasiones por los judíos del primer siglo como una nave, una cuna judía en una alta mar de gentiles no muy amistosos."[35] La región era consideraba una zona fronteriza por los grandes imperios en sus batallas y guerras. Las ciudades de Séforis y Tiberías, por ejemplo, fueron centros administrativos de las culturas helenística y romana. Los cultos de adoración del pueblo hebreo en Galilea, fueron influenciados por la política dominante y la cultura helenística-romana de esa región. Richard Horsley hace esta observación: "Es muy posible que quizás hasta algunos de los judíos [en Galilea] se consideraban fieles a su religión mientras utilizaban como algo muy rutinario en sus vidas cotidianas lo que se pudiera clasificar como pagano."[36] Estos centros multiculturales, que eran a la vez materialmente ricos, eran vistos de manera sospechosa por los judíos que habitaban las zonas campestres de Galilea. No obstante, las tradiciones religiosas judías de los campesinos de Galilea, también eran algo distintas de como se practicaban en Jerusalén. Entre ellas podemos destacar, primeramente, que los judíos de Galilea eran herederos de las tradiciones del Reino del Norte. Para ellos, la Torá figuraba de una manera central, como también la circuncisión. Con todo, no seguían la tradición e interpretación de la Torá como la practicaba la aristocracia radicada allí en el templo de Jerusalén. En segundo lugar, muchos de esos judíos de Galilea tenían juicios muy ambivalentes respecto de Jerusalén, el templo, la aristocracia sacerdotal que residía en el templo, y de sus ofrendas del diezmo para esa aristocracia. En fin, la población de Galilea estaba compuesta por judíos que no se identificaban con los judíos de Judea, y que aunque compartían muchas de las tradiciones de Jerusalén, sin embargo las observaban de una manera muy peculiar y diferente. Es además muy posible, teniendo en cuenta el número de gentiles que vivían en esa región, que los judíos galileos y los gentiles compartieran hasta casas vecinas y cocinas.[37]

En ese ambiente vivía Jesús. Si tomamos el testimonio bíblico seriamente, tenemos que reconocer que Cristo Jesús era visto como un judío de Galilea. Su nombre Cristo de Nazaret así lo indica. Los judíos de Judea miraban a los judíos de Galilea como inferiores. Los galileos eran considerados ignorantes de las reglas del templo y hasta los llamaban impuros, por su contacto diario con un pueblo considerado pagano. Su acento, marca de un mestizaje enriquecido por varias culturas e idiomas, los distinguía, en su calidad humana, como quienes se encuentran al margen de su propia fe y cultura.

La identidad de Cristo Jesús como galileo, nos presenta el lugar donde se materializa su encarnación, de un modo muy real y concreto. Nos revela también el sitio desde donde parte Jesús en su ministerio por la Tierra Santa. A la vez, el escándalo de su encarnación y crucifixión se vuelve más penetrante al reflexionar sobre el hecho de su mensaje de reconciliación ofrecido a todo el mundo (2Co 5:19). El ministerio de Jesús, desempeñado como ese profeta de Galilea, vive de manera encarnada la realidad de un Dios Trino y universal. Aquí vemos su misión de una manera muy cristalina. Comienza con una gran bienvenida a los despreciados y marginalizados. Su mensaje de arrepentimiento y libertad para los cautivos, comienza con el anuncio del reino de Dios para los judíos de Galilea (Mt 4:17; Lc 4:18-19). Pero su mensaje es claramente un mensaje de reconciliación y amor incondicional dirigido al mundo entero. Así, en su Gran Comisión, dirige a sus discípulos (Mt 28:16-20) desde Galilea a llevar su evangelio y hacer discípulos de todas las naciones (esto es, entre todas las *ethne*, razas y grupos étnicos, que es el correcto significado en griego de todas las "naciones").

Debemos entender también, dentro de esta realidad galilea, la "genealogía de Cristo Jesús el hijo de David" como un mensaje de buenas noticias, que incluye como herederos del reino a esos mestizos como Tamar, Booz, Obed e Isaí (Mt 1:1-16). La exhortación de Jesús a sus discípulos de ir primero a las "ovejas descarriadas del pueblo de Israel" (Mt 10:6), llega a tener un gran significado. Jesús exhorta a sus discípulos judíos de Galilea a que ofrezcan primeramente a sus hermanos, los judíos de Judea, las buenas nuevas del amor de Dios. Jerusalén debe escuchar el mensaje desde Galilea, de boca de aquellos que eran considerados "mestizos" y no muy dignos de la religión pura ofrecida en Jerusalén. Encontramos aquí, pues, la paradoja y el escándalo de la cruz. Jesús, el profeta de Galilea, va a Jerusalén como el verdadero profeta de Dios, un descendiente de David, para tomar por ellos (y nosotros) su cruz. El humilde ante los privilegiados es el mensajero de Dios. Y a ellos les ofrece el perdón incondicional de Dios. El mensaje de la cruz tiene que llegar primeramente a aquellos que consideran a su familia de Galilea extranjeros en su propia tierra. Jesús les ofrece una vocación privilegiada, en primer lugar, a sus discípulos de Galilea. Ellos son portadores del mensaje del reino de Dios para sus hermanos y hermanas en Jerusalén. No entender la posición histórica y social de Jesús de Galilea, es no entender su postura de amor y de valor que les ofrece a los que son marginales, mediante su evangelio. Martín Lutero afirma esta postura en su teología de la cruz. Pues para Lutero no son nuestras obras ni nuestras posiciones humanas privilegiadas las que nos hacen dignos ante Dios. Nuestra dignidad y valor humano se realizan por la afirmación que Dios nos ofrece en su mensaje de amor y gracia. Esta afirmación nos llega por las buenas nuevas de la cruz de Cristo Jesús. Su camino a la cruz de salvación es ejemplificado en su postura como profeta de Galilea. Lutero refuta así a los teólogos de la gloria, los que afirman su valor humano comprendido en su vanidad y pecado. Pero a la vez levanta a los desvalidos, pecadores y enfermos, llamándoles buenos y dignos por medio de la cruz: "El teólogo de la gloria llama a lo malo bueno, y a lo bueno malo; el teólogo de la cruz denomina las cosas como en realidad son."[38]

PREGUNTAS PARA REFLEXIÓN

1. ¿Cuál es la importancia para la cristología que el ministerio de Jesús proceda de Galilea?
2. ¿Cómo impacta el ministerio de Jesús desde Galilea a la realidad de nuestro mestizaje?
3. ¿En qué consiste la proclamación de Jesús acerca del reino de Dios?

CAPÍTULO TRES

EL REINO DE DIOS EN LA MISIÓN DE CRISTO JESÚS

No cabe duda que la predicación de Cristo Jesús acerca del reino de Dios es el punto clave de su predicación y obra mesiánica. Desde Galilea comienza Jesús su ministerio anunciando las buenas nuevas (el evangelio) de Dios: "Se ha cumplido el tiempo[39]–decía–. El reino de Dios está cerca.[40] ¡Arrepiéntanse y crean las buenas nuevas (evangelio)!" (Mr 1:14-15). Mateo ofrece la misma referencia, solamente que por respeto al pueblo hebreo, substituye el reino "de Dios" por el reino "de los cielos" (Mt 4:17). Cuando Cristo Jesús encomienda su misión a los doce discípulos, los dirige así: "Dondequiera que vayan, prediquen este mensaje: 'El reino de los cielos está cerca. Sanen a los enfermos, resuciten a los muertos, limpien de su enfermedad a los que tienen lepra, expulsen a los demonios.'" (Mt 10:7-8). Esto mismo leemos también en el texto paralelo de Lucas 9:2.

Es importante discernir el significado de la predicación del Reino de Dios por Cristo Jesús, para poder seguirlo en su misión cristológica, así como lo hicieron sus primeros discípulos. Al adentrarnos en los evangelios, reconoceremos que Jesús predica sobre el reino de Dios, no solamente con palabras, sino también con obras y hechos, mediante sus milagros, exorcismos y celebraciones en la vida cotidiana. Veamos algunos puntos muy importantes para nuestra obra misional y pastoral.

1. LA PROXIMIDAD Y LA REALIZACIÓN DEL REINO DE DIOS ENTRE NOSOTROS PROCEDEN DE CRISTO JESÚS

Teólogos como Adolf von Harnack, de principios del siglo 20, y Jon Sobrino, señalan en su obra cristológica más reciente, que Jesús de Nazaret predicaba sobre el reino de Dios y su Padre eterno, pero no de sí mismo.[41] El concepto "reino" de Dios tiene sus raíces en el Antiguo Testamento. "Reino" significa "el dominio" de Dios. Podemos discernir claramente en los evangelios que Cristo Jesús, por propia autoridad, ejecuta el reinado de Dios entre nosotros. En su Sermón del Monte habla con autoridad propia respecto a la ley con relación al reino de Dios (Mt 5:17-20). Los demonios reconocen la autoridad y poder de Cristo Jesús, el Hijo de Dios, al ser dominados por él (Mt 8:18-32). Una de las razones por las que Jesús es confrontado por los escribas y fariseos, es, porque por propia autoridad, así como solamente Dios puede hacerlo, perdona pecados y cura a los enfermos. Por esta postura de asumir el lugar y poder de Dios en su anuncio del reino de Dios, los maestros de la ley murmuran contra Jesús: "¡Este hombre blasfema!" (Mt 9:3).[42] Por esta actitud Jesús declara al paralítico: "¿Qué es más fácil, decir: 'Tus pecados quedan perdonados', o decir: 'Levántate y anda?' Pues para que sepan que el Hijo del hombre tiene autoridad en la tierra para perdonar pecados –se dirigió entonces al paralítico–: Levántate, toma tu camilla y vete a tu casa" (Mt 9:4-6). En Lucas 11:20 vemos también a Jesús ejerciendo su autoridad frente a los demonios, ya que en su obra radica "el dedo de Dios," esto es, el "poder de Dios."

Ya que en los evangelios se usan los títulos "Hijo del hombre" e "Hijo de Dios" en relación con la obra mesiánica de Jesús y su predicación del reino de Dios, es importante destacar el significado de estos títulos cristológicos:

HIJO DEL HOMBRE

El título Hijo del hombre es usado especialmente por Jesús respecto de sí mismo. Siempre usa el título en tercera persona. El título figura por sus hechos y acciones en Daniel 7:13. En este contexto del Antiguo Testamento, se refiere a un ser divino que ejerce el dominio de Dios. Se pueden discernir tres usos de este título cristológico, empleados por Jesús en los evangelios sinópticos. (1) Jesús lo usa para destacar su obra de servicio y rescate por nosotros. En Marcos 10:45 (y Mt 20:28) leemos: "Porque ni aun el Hijo del hombre vino para que le sirvan, sino para servir y para dar su vida en rescate por muchos." Oscar Cullmann observa que en este título cristológico se pueden discernir dos dimensiones en la persona de Jesús. Éstas son que el Mesías, el ser divino de Dios, es también el Siervo sufriente de Dios, el *ebed Yahvé*, destacado por el profeta Isaías. Cullmann concluye: Los dos [títulos] "Siervo sufriente" e "Hijo del hombre" existían en el judaísmo. Pero la combinación de estos dos títulos por Jesús era algo nuevo. "Hijo del hombre" representa la declaración más exaltada dentro del judaísmo, mientras que *ebed Yahvé* es la expresión de su humillación más profunda... Éste es el nuevo hecho de Jesús, nunca antes escuchado, que él une estas obras aparentemente contradictorias en su ser, y expresa la unión de las dos realidades en su vida y enseñanza.[43]

Jesús de Nazaret usa el título "Hijo del hombre" para destacar la humillación del verdadero Hijo de Dios, por nosotros. Creo que la observación ofrecida por Scaer sobre este título es muy acertada: "El título es un resumen de una cristología íntegra, pues Jesús es a la vez Dios y hombre en una persona. Se refiere no solamente a que el Hijo de Dios llega a ser verdadero hombre, pues enfoca agudamente en sus sufrimientos y en la privación [que experimentó] debidos a su humillación."[44]

El título Hijo del hombre es usado también por Jesús para (2) destacar su obra necesaria de ir a Jerusalén, morir en la cruz y resucitar por nosotros al tercer día (Mr 10:33-34; Mt 20:18-19). Lo usa también, como ya observamos, (3) para dar énfasis a su obra mesiánica concerniente al reino de Dios de perdonar pecados (Mt 9:6) y de ofrecer un nuevo orden como Señor del sábado (Mr 2:27-28). También lo utiliza con referencia al uso en Daniel, como ese ser divino apocalíptico en su regreso final y glorioso, en que ejecutará su dominio sobre todas las naciones (Mt 25:31). (4) Es usado también para ofrecer un contraste entre su vida terrenal y celestial (Mt 8:20).

HIJO DE DIOS

Ya hemos mencionado la confesión de Pedro. A la pregunta que Cristo Jesús les hace a sus discípulos: "–¿Quién dice la gente que es el Hijo del hombre?" (Mt 16:13), Pedro le ofrece su confesión de fe: "–Tú eres el Cristo, el Hijo del Dios viviente" (Mt 16:16). La confesión de fe de Pedro desempeña un papel importante en nuestro entendimiento de la persona de Cristo Jesús en el Nuevo Testamento. Pues vemos cómo Jesús confirma la confesión de Pedro: "Bendito (*makários*) eres tú, Simón... pues no te lo reveló carne ni sangre sino mi Padre que está en los cielos (Mt 16:17, mi traducción). Jesús aprueba el título "Hijo de Dios", como el título indicado que lo distingue cual ser divino que procede de Dios. Aunque no es el título usado principalmente por Jesús, es, con todo, el título que describe y afirma su presencia como proclamador y forjador del reino de Dios. Esto se ve claramente en su aceptación de esta designación ofrecida por Caifás, el sumo sacerdote (Mt 26:63-64). En Marcos 14:61-62 y Lucas 22:70, se observa de una manera más directa que sí es el Hijo de Dios al contestar Jesús afirmativamente.[45] En Mateo 27:43 vemos también cómo aquellos que lo insultan durante su crucifixión, reconocen esta identificación: "¿Acaso no dijo: 'Yo soy el Hijo de Dios'?" (Mt 27:42). Jesús, como Hijo de Dios, ser divino, trae un nuevo orden de amor y gracia que es reconocido, por sus hechos y acciones, hasta por los demonios y hombres poderosos, a pesar de ejercer esta realidad en su estado de humillación. Ya hemos hecho mención de que el Padre reconoce a Jesús como "mi Hijo amado" en su bautismo y transfiguración, al entregarse éste a un ministerio por nosotros en su humillación (Mt 3:17; Mt 17:5; Mr 1:11; Mr 9:7; Lc 3:22). Recordemos también la confesión de fe del centurión al ser testigo de su cruel crucifixión: "¡Verdaderamente éste era el Hijo de Dios!" (Mt 27:54). El Evangelio según San Juan expresa la relación muy especial que existe entre Dios el Padre y su Hijo, al demostrar y vivir Jesús la verdadera voluntad de su Padre (Juan 17).[46]

2. EL REINO DE DIOS SE REALIZA POR GRACIA DE DIOS Y NO POR VOLUNTAD HUMANA

El ministerio de Jesús, y su proclamación del reino de Dios llega, decididamente, por la gracia de Dios y su evangelio, su anuncio de buenas nuevas: "El reino de Dios está cerca. ¡Arrepiéntanse y crean las buenas nuevas!" (Mr 1:15). Llegamos a incorporarnos a su reino, y caminamos con Jesús en su proclamación y sus hechos, al llegar al arrepentimiento. Jesús nos exhorta de una manera imperativa: "¡Arrepiéntanse!" (*metanoeíte*). *Metanoeo*, en griego, significa un cambio de pensar (*meta* = cambio; *noeo* = pensar, pensamiento). Guiados por el mensaje del evangelio, Jesús nos invita a un cambio de perspectiva, donde miramos los asuntos del reino de Dios como niños recién nacidos. Así vivimos, en el poder del Espíritu Santo, una nueva visión de las maravillas y nuevas expectativas de Dios en el mundo (Jn 3:3-5).

En el siglo 19, el reino de Dios era interpretado por la teología protestante simplemente como un concepto moral o ético. Desde Federico Schleiermacher hasta Albrecht Ritschl, el reino de Dios fue definido como una fuerza moral dada al individuo o a la sociedad.[47] Esta interpretación se desplomó cuando Johannes Weiss y Albert Schweitzer probaron a sus contemporáneos que el reino de Dios era primordialmente un concepto escatológico. De este modo, Jesús queda ubicado como profeta, una figura apocalíptica y escatológica, que predicaba simplemente acerca de un fin inminente.[48] Éste es un tema importante para considerar. Por el momento, tenemos que notar cuáles han sido los caminos teológicos tomados según estas conclusiones, en épocas más recientes.[49]

En el contexto de nuestra teología occidental, el Reino de Dios ha sido rebajado a una visión utópica. Por ejemplo, en la filosofía marxista-humanista de Ernst Bloch, éste interpreta de una manera paradójica al reino de Dios, pero sin Dios, para afirmar con ese símbolo el potencial y la posibilidad de una nueva humanidad completamente realizada. Su interpretación del reino es meramente una visión antropológica, donde el ser humano se realiza completamente en su visión utópica de libertad.[50] El valor del reino es ver al ser humano completamente realizado. La teología de la liberación reconoce y afirma esta visión de una nueva humanidad en el reino. Éste es un punto de partida importante en la obra germinal de Gustavo Gutiérrez, *Teología de la Liberación.* Allí se define al reino de Dios como una "utopía de la liberación" del ser humano. Es la prioridad del escaton, (del gr. *eskatos*, último) el final decisivo del Reino de Dios.[51] Gutiérrez reflexiona sobre el tema a la luz del Concilio Vaticano II. Pero su opción para la liberación de los pobres y de los pueblos en un cambio social, se afirma en la enseñanza bíblica sobre Cristo como salvador del mundo. "Cristo salvador libera al hombre del pecado, raíz última de toda ruptura de amistad, de toda injusticia y opresión, y lo hace auténticamente libre [a toda persona], es decir, vivir en comunión con él, fundamento de toda fraternidad humana."[52]

Estas declaraciones nos llevan a adentrarnos aún más en el tema del Reino de Dios y su significado a la luz de la gracia de Dios.

3. EL REINO DE DIOS DECLARA EL PODER Y EL DOMINIO DE LA GRACIA DE DIOS SOBRE LA HUMANIDAD, LA SOCIEDAD, Y NUESTRAS COMUNIDADES

El Reino de Dios (*malkuta Yahvé*), entendido en el contexto del Antiguo Testamento, marca el dominio de Dios sobre la humanidad y sobre su creación. Yahvé se manifiesta como Rey de la historia e interviene en ella. Con esta visión podemos ver a Dios como Rey, actuando en la historia en favor de su pueblo Israel.[53] Dios, por medio de sus hechos en la historia, reina y mejora esas condiciones injustas que sufre su pueblo. Así lo podemos entender, muy especialmente en los Salmos y en la liturgia del pueblo. Uno de los eventos principalmente recordados es el de la liberación del pueblo cautivo de Israel en Egipto (Comp. Éxodo; Salmo 68). Debemos considerar este trasfondo muy seriamente en los hechos y la predicación de Jesús por causa del reino de Dios. Veremos cómo éstos revelan un mensaje de salvación integral. Cristo Jesús demuestra la relación personal del individuo con Dios, pero también lo hace al sanar las relaciones del individuo en su comunidad y al enfrentarse él a esos poderes malignos que se oponen a su reino.

PREGUNTAS PARA REFLEXIÓN

1. ¿Cómo se relaciona Jesús al reino de Dios?
2. ¿Cómo usa Cristo Jesús el título Hijo del hombre?
3. ¿Cómo se usa el título Hijo de Dios en los Evangelios con relación a Cristo Jesús?
4. ¿Cómo se encuentra el reino de Dios entre nosotros?
5. ¿Cómo era interpretada la proclamación de Jesús acerca del reino de Dios por la teología protestante del siglo 19?
6. ¿Qué revela la predicación del reino de Dios acerca de la salvación?

CAPÍTULO CUATRO

EL REINO DE DIOS COMO BENDICIÓN INTEGRAL Y TOTAL PARA LA PERSONA

En nuestra teología confesional le hemos dado valor principalmente a la salvación del individuo. Esto es un factor importante en la teología de Lutero, pero no se fundamenta allí su valor para el individuo con relación a la sociedad. Esto lo demuestra Lutero con mucha claridad en su teología de la cruz. Vemos también en nuestros estudios de Lutero, que lo que se recalca muchas veces en sus definiciones del reino de Dios en el *Catecismo Menor* y el *Catecismo Mayor*, es solamente nuestra salvación personal. Quisiera, a favor de esta postura, hacer mención de la definición del reino de Dios en el *Catecismo Mayor*, en la explicación de la Segunda Petición del Padrenuestro: "¿Qué significa: Reino de Dios? Respuesta: No es otra cosa que lo que antes oímos en el Credo, que Dios mandó a su hijo Cristo, nuestro SEÑOR, al mundo, para que nos redimiera y liberara del poder del diablo y nos condujese hacia él y nos gobernase como rey de la justicia, de la vida y bienaventuranza, contra el pecado, la muerte, y la mala conciencia…"[54]

En este contexto, casi siempre destacamos la salvación que Cristo Jesús nos brinda frente al pecado, al reconciliarnos con Dios. Pero Lutero habla también del reino de Dios durante el dominio de Jesús, y afirma a Jesús como nuestro Rey de justicia, que nos libra del poder del diablo. Creo que podemos entender aquí que se incluyen también las dimensiones de comunidad del reino de Dios con la dimensión personal. En la postura de Lutero veo que Cristo Jesús llega con el dominio de Dios en nuestras relaciones personales con Dios. Pero ese dominio se extiende a nuestras vidas en la historia, en la sociedad y en lo cotidiano, para enfrentarse al pecado y librarnos de él y del mal que padecemos en el mundo. Lutero nos exhorta a caminar con Jesús y a vivir esa postura del reino de Dios en relación con el mundo... Veamos, entonces, el testimonio de este caminar en los evangelios:

A. LA SALVACIÓN ES OFRECIDA DE UNA MANERA INTEGRAL EN LOS EVANGELIOS

Esto lo vemos claramente en los milagros que Cristo Jesús lleva a cabo a favor de su reinado. El caso del ciego Bartimeo (Mr 10:46-52) es ejemplar. Primero tenemos que notar que Bartimeo, por ser ciego, se encuentra marginalizado de su comunidad. Los propios discípulos de Jesús lo despreciaban: "Muchos lo reprendían para que se callara" (Mr 10:48). Por su fe, Cristo Jesús le declara: "Tu fe te ha *sésokén*" (sanado, salvado). El verbo *sésokén*, proviene de la raíz griega *soter*, que significa salvador. Es muy importante notar que en la Reina Valera (1960) se traduce "Tu fe te ha salvado." Pero en la Nueva Versión Internacional (1999) se traduce "Tu fe te ha sanado." No cabe duda que Jesús le ofrece a Bartimeo una salvación íntegra, completa, a la vista de Dios y la sociedad. Le ofrece a Bartimeo su aceptación, el perdón de sus pecados y a la vez le da la vista y lo sana. Este acto no solamente sana su cuerpo y lo restaura en su relación con Dios, sino que también lo restaura como miembro íntegro de la comunidad de la que se encontraba marginalizado. Este pasaje bien podría traducirse: "Tu fe te ha hecho una persona íntegra, completa." Algunas traducciones en inglés lo interpretan así: *Your faith has made you whole* (Tu fe te ha hecho completo). El ofrecimiento de Jesús siempre es uno de perdón incondicional ante el Padre y la restauración de la persona ante la comunidad en la que se encuentra en situación marginal. Esto se puede ver, evidentemente, en el caso de la mujer pecadora en Lucas 7:36-50. La ofensa más grande de Jesús es, que con ese ofrecimiento de amor incondicional a la mujer pecadora, también la restaura dentro de su comunidad. Los representantes del poder, en el relato de Lucas 7, toman ese hecho como verdaderamente ofensivo y en contra de las reglas la religión y la sociedad. En su predicación del reino de Dios, Jesús ofrece siempre el perdón de pecados pero también una restauración de la persona dentro de su familia y la sociedad. En la predicación del reino de Dios por Jesús, no se puede separar su ofrecimiento de perdón incondicional y su fortalecimiento de seres en condiciones marginales ante la sociedad. Existen múltiples ejemplos de esta acción de Jesús en los evangelios (Mt 9:1-7; Mt 9:18-22;

Mr 5:21-34). Esto es muy evidente en el caso de los leprosos, ya que por su enfermedad se los trataba con recelo y eran apartados de sus comunidades (Lc 17:11-15). Lo mismo vemos en los actos de exorcismo de Jesús frente a los endemoniados.

B. LOS MILAGROS Y LOS EXORCISMOS DE JESÚS SON IMPORTANTES SIGNOS DE SU SALVACIÓN INTEGRAL

En Mt 17:14-19, vemos cómo un padre desesperado le pide a Jesús que tenga compasión de su hijo, pues no puede actuar ni vivir debidamente con la familia ni en la comunidad. En Mr 5:1-20 y Lc 8:26-39, encontramos dos relatos conmovedores referidos a un único hecho, acerca de un hombre endemoniado que vivía como animal al margen de la sociedad. Pero Jesús lo sana y lo dirige primeramente a su familia para que sea restaurado en su vida cotidiana entre los suyos (Mr 5:18-19; Lc 8:39). A ese individuo marginalizado y ya sanado, se le abren las puertas del dominio del reino, al volverse un instrumento de la proclamación del reino de Dios entre su familia y también entre todo el pueblo. No cabe duda que los milagros de Jesús no son meras obras o hechos milagrosos, extraordinarios, (designados como *teras* en griego) sino son en realidad verdaderas señales, signos (designados como *semeia* en griego) de la presencia del Hijo de Dios en su reino. Ese reinado es integral, pues restablece nuestra relación con Dios y la comunidad. Jesús tiene gran compasión de nosotros y busca a las ovejas perdidas para restaurarlas completamente en su reino.

"Jesús recorría todos los pueblos y aldeas enseñando en las sinagogas, anunciando las buenas nuevas del reino, y sanando toda enfermedad y toda dolencia. Al ver las multitudes, tuvo compasión de ellas, porque estaban agobiadas y desamparadas, como ovejas sin pastor." (Mt 9:35-36). Por eso insta a sus discípulos a que busquen ovejas de esa condición, perdidas, y las reintegren a sus comunidades como personas íntegras y sanas. Noten cómo exhorta en su comisión a los apóstoles: "Vayan más bien a las ovejas descarriadas del pueblo de Israel. Dondequiera que vayan, prediquen este mensaje: 'El reino de los cielos está cerca.' Sanen a los enfermos, resuciten a los muertos, limpien de su enfermedad a los que tienen lepra, expulsen a los demonios" (Mt 10:6-8).

En las dogmáticas tradicionales, generalmente se le ha dado

énfasis a la divinidad de Cristo Jesús, por sus poderes sobre la humanidad y la creación. No obstante, vemos, por medio de los milagros y exorcismos de Jesús, signos tangibles de su divinidad al llegar a nosotros revelando la verdadera imagen de Dios. Ésta es una imagen genuina y perfecta, pues nos revela a un Dios de comunidad y hermandad. Dios nos demuestra así su amor. Allí radica su más gloriosa imagen. Éste es el mensaje expresado en las narraciones sobre el bautismo y la transfiguración de Cristo Jesús, obrados por su Padre (Mateo 3:16; 17:5; Marcos 1:9-11; 9:7-12). Cristo nos llama a ser restablecidos a su imagen para una comunidad verdadera, entre Dios y la humanidad y la humanidad con la humanidad, a fin de experimentar completamente su salvación integral. De allí parte el poder del anuncio del Reino de Dios. Pero este anuncio llega con sus riesgos, por ser un mensaje de arrepentimiento y un llamamiento a nuevas perspectivas, al caminar con Jesús en su discipulado de la cruz. Por eso tenemos que profundizar aún más en lo que significa esta nueva perspectiva y lo que significa caminar con Jesús.

PREGUNTAS PARA REFLEXIÓN

1. ¿Cómo interpreta Lutero el tema del reino de Dios en su Catecismo Mayor?
2. ¿Cómo proclama y demuestra Cristo Jesús una salvación integral en los Evangelios?
3. ¿Cómo impacta la salvación integral a nuestras comunidades hispanas?

CAPÍTULO CINCO

EL REINO DE DIOS COMO NUEVA PERSPECTIVA DE SEGUIR A JESÚS

El problema fundamental de nuestra rebelión contra Dios es nuestra idolatría. Nuestro pecado nos dirige a adorar a dioses creados por el deseo de ser superiores a Dios. Entre esos dioses se cuentan el dinero, la fama, y nuestras propias ideologías. Muchas veces les ponemos nombres y etiquetas a otros cristianos, criticándolos por ser muy "liberales" o muy "conservadores", y no tenemos en cuenta que nuestras críticas son en realidad ideologías creadas para adorarnos a nosotros mismos. El relato de la torre de Babel (Gn 11:1-9) es un vivo ejemplo de esta condición humana. La torre parecía ser construida en honor y adoración a Dios, pero en realidad fue construida por los hombres para elevarse a sí mismos por encima de Dios. Lamentablemente, el resultado de tales actos, individuales o colectivos, llega a ser nuestra pérdida de comunión con Dios y con nuestra familia y sociedad. Hoy en día hemos construido tales torres de Babel o pretextos de glorificar a Cristo como nuestro Señor, siendo que Cristo en realidad se ha vuelto un vehículo de nuestras propias agendas. Jesús nos enseña en los evangelios a tomar otro camino y a considerar otra perspectiva. Este camino tiene que ser forjado a partir de una teología de gracia, donde Dios frustra nuestros inútiles intentos de vanagloria. En esta acción inspirada en el evangelio, Jesús nos cambia para que tengamos una perspectiva nueva. Uno de los ejemplos más diáfanos acerca de esta realidad del reino, se encuentra en la actitud de Jesús respecto del sábado. Jesús de Nazaret les permite a sus discípulos arrancar espigas de trigo el día sábado (Mt 12:1-14; Mr 2:23-3:1-7). Cuando los fariseos lo critican, les revela el nuevo orden: "El sábado se hizo para el hombre, y no el hombre para el sábado –añadió–. Así que el Hijo del hombre es Señor incluso del sábado" (Mr 2:27-28). Luego entra en una sinagoga y sana a un hombre que tiene una mano paralizada, mientras buscaban cómo atraparlo por sus acciones. Cristo Jesús revela aquí la necesidad de un cambio de perspectiva. Nuestras acciones y proclamaciones en el nombre de Dios comienzan donde Jesús comienza. Él se aparece en el momento de nuestras circunstancias de pecado, en las que hemos creado dioses falsos, y nos confronta. Nos llama a cambiar y a seguirlo en una nueva vida de servicio en el reino de Dios. En el contexto de esta narrativa, Cristo nos indica muy claramente que él vino al mundo para salvarnos y sanarnos de una manera completa e integral. Él derriba toda clase de ideología que interpreta el evangelio de acuerdo con nuestras idolatrías, en las que se percibe en nuestras acciones un rechazo y opresión del ser humano creado por Dios. El evangelio comienza con Cristo y con Dios. Es cristocéntrico, pues se basa en el ofrecimiento universal de la gracia de Dios (Comp. Jn 3:16). Así nos los explica Pablo: "Esto es, que en Cristo, Dios estaba reconciliando al mundo consigo mismo, no tomándole en cuenta sus pecados y encargándonos a nosotros el mensaje de la reconciliación" (2Co 5:19). El evangelio es un ofrecimiento de amor incondicional al mundo, crea una comunidad de amor. Toda interpretación del evangelio que niega el hambre de nuestros hermanos y hermanas, que no se compadece del indefenso, que no ofrece libertad a los cautivos, no entiende el ofrecimiento de Dios. Dios llega a nosotros para reconciliarnos consigo mismo. Su ofrecimiento de amor es incondicional al perdonar nuestros pecados y caminar con nosotros para remover toda idolatría humana, por la que denigramos a nuestros hermanos y hermanas. Negar este ofrecimiento es ver las cosas desde un punto de vista simplemente abstracto y entregado a nuestra condición humana pecaminosa. Desde esta perspectiva tenemos que entender el ofrecimiento de la gracia universal de Dios al mundo (Ef 2).Vivir en la gracia de Dios, es vivir en acción la proclamación del reino de Dios, por la que Dios Padre, removiendo nuestra enemistad, crea una nueva humanidad y una nueva comunidad de paz mediante la cruz de su Hijo Cristo Jesús (ver Ef 2:14-17). Pero este ofrecimiento de amor universal llega acompañado de una compasión muy especial por los que se encuentran totalmente desvalidos y marginados.

EL REINO DE DIOS ANTE LA CONDICIÓN DE LOS DESVALIDOS Y MARGINADOS

El punto central y clave en la hermenéutica de la Teología de la Liberación es la postura preferencial de Cristo Jesús a favor de los pobres. Sobrino discierne en esta opción preferencial por los pobres la misión central de Jesús en su predicación de la llegada y del comienzo del Reino de Dios.[55] En el contexto confesional luterano, muchas veces hemos refutado esta visión central de la Teología de la Liberación respecto del ministerio de Jesús. Tememos que esa postura nos lleve a releer el evangelio solamente desde un punto de vista político, para encontrar en la libertad humana la solución de nuestra condición espiritual. Esta postura es criticada afirmando que se confunde la ortodoxia (el camino recto de la doctrina) por la ortopraxia (el camino de acción por y con los pobres). No cabe duda que tenemos que proceder con cierta cautela para no confundir la salvación y la conversión cristiana con una postura política. No obstante, en los evangelios y en el ministerio de Jesús, en el marco de su misión de salvación integral, se afirma de una manera muy especial a los marginados, los desvalidos y los pobres. La ortodoxia es fundamento de una ortopraxia genuina en la afirmación de los pisoteados.

Las parábolas de Jesús acerca del reino de Dios presentan esta postura. Bien conocido es el relato escatológico de Mateo 25:31-45, concerniente al reino de Dios. Jesús afirma allí esa postura como parte integral de su mensaje de salvación. A los que le preguntan al Hijo del hombre: "Señor, ¿cuándo te vimos hambriento y te alimentamos, o sediento y te dimos de beber? ¿Cuándo te vimos como forastero y te dimos alojamiento, o necesitado de ropa y te vestimos? ¿Cuándo te vimos enfermo o en la cárcel y te visitamos? El Rey les responderá: 'Les aseguro que todo lo que hicieron por uno de mis hermanos, aun por el más pequeño, lo hicieron por mí'"(Mt 25:37-40).

Jesús tiene reservado en su corazón un lugar muy especial para los que se encuentran completamente desamparados y carecen de lo necesario para su sostén diario. Jesús tiene también gran compasión por quienes son despreciados por ser pecadores, publicanos, prostitutas, personas simples, extranjeros, los considerados pequeños dentro de la sociedad (Mr 2:15-17; Lc 7:36-50; Lc 19:1-10; Jn 4:7-42).

La pobreza a la que Jesús hace referencia no es solamente una pobreza material, sino también estructural, podríamos decir, ya que ésta excluye a las hermanas y hermanos, no considerándolos miembros valiosos de la comunidad. Jesús siempre está dispuesto a buscar a la oveja desamparada y perdida para reclamarla para su comunidad (ver Lc 15:1-7).

¿Cómo podemos tomar nosotros esta postura de Jesús sin convertirla en una idolatría, o ideología política? Jesús nos dice en sus bienaventuranzas: "Benditos (*makários*) son los pobres (*ptochoí*, esto es los pisoteados, humildes) porque el reino de los cielos les pertenece" (ver Mt 5:3, mi traducción). Jesús desenmascara por medio de la ley nuestra idolatría y nuestra postura de superioridad ante Dios y nuestro prójimo (ver Mt 5:17-20). El relato acerca del hombre rico es una excelente ilustración del cambio de vida al que Jesús nos llama. El hombre rico se creía superior y cumplidor de la ley de Dios. Pero no estaba dispuesto a abandonar su riqueza y compartirla con los necesitados. Su riqueza era marca de su idolatría y pivote de su superioridad (ver Mt 19:16-23; Lc 18:18-23). Sin embargo Zaqueo, el despreciado publicano, el recaudador de impuestos, al llegar al arrepentimiento sigue a Jesús y no considera las riquezas su Dios. Quiere entonces cambiar ese estilo de vida en su comunidad. Por eso llega la salvación a su casa (ver Lc 19:1-9). No compartir nuestras riquezas es marca de nuestra idolatría, de nuestra separación del reino de Dios y de nuestra negación de nuestros hermanos. Por eso nos dice Jesús: "No se puede servir a la vez a Dios y a las riquezas" (*mammón*, Mt 6:24; Lc 16:13).[56]

Al leer detenidamente la postura de Jesús respecto de los pobres, nos damos cuenta de que él llama a todo ser humano a un cambio de vida en su predicación del evangelio y del reino de Dios. Nos llama por medio del evangelio y su Santo Espíritu a ese cambio de vida. Es en ese llamado que nuestros pecados son perdonados y somos integrados a su reino. Pero ese llamamiento no es solamente un llamado a ser perdonados, sino que es un llamado a caminar con Jesús en un compromiso con los pobres. Nuestra relación y reconciliación con Jesús requiere un serio compromiso con nuestra comunidad y sociedad. Sí existe en el llamado del reino de Dios una dimensión personal muy importante, podríamos decir la de tener una relación vertical con Dios. Pero existe también un cruce afirmado por la cruz. En este cruce somos llamados a una relación horizontal, un compromiso de restablecer en el centro de nuestra comunidad a todos los pobres (los pobres de espíritu, los quebrantados, los desposeídos, los marginados por nuestro pecado). Lutero recalca esta realidad en su sermón sobre "Las dos clases de justicia." Vivir en la primera justicia, la cual poseemos mediante la fe en Cristo Jesús por medio del evangelio, nos compromete a una segunda clase de justicia, que es la de levantar a los débiles y recibirlos en nuestra comunidad: "Pues eres poderoso, no para hacer a los débiles más débiles por la opresión, sino para hacerlos más poderosos al levantarlos y defenderlos."[57]

Las parábolas sobre el reino de Dios son narraciones impactantes de la gracia de Dios que confronta con aquellos que por idolatría ponen límites al ofrecimiento de salvación integral y comunidad.

EL REINO DE DIOS, CELEBRACIÓN DE LA COMUNIDAD CRISTIANA

Lucas usa parábolas de gran impacto en los capítulos 13 y 14 de su Evangelio. Las parábolas señalan el acontecimiento de celebración y fiesta como un hecho evidente de la gracia de Dios. Es muy importante poder discernir los actos de celebración en la vida de Cristo Jesús. Éstos nos ofrecen una clave de interpretación respecto de la gracia de Dios y su presencia entre nosotros. La gracia de Dios crea comunidad. Por lo tanto, Dios se manifiesta también en la carne en su ofrecimiento de preparar y crear regocijo. En su ofrecimiento de festividades, Dios se manifiesta plenamente al crear un hecho, un acontecimiento de solidaridad de amor, con aquellos que se encuentran fuera del círculo familiar de hermandad. Es un ofrecimiento creado solamente por pura gracia y no tomando en cuenta las obras de la ley (Lc 14:13-24; Lc 15:22-23). La vida de Jesús de Galilea queda marcada por el hecho de comer, beber y celebrar la presencia de Dios entre todos los pecadores y todos aquellos que son despreciados por la sociedad. Por esta actitud de crear comunidad, de crear por un momento muy especial una imagen de la celebración de su banquete final, Jesús es criticado y juzgado. Él nos lo recuerda así: "Vino el Hijo del hombre, que come y bebe, y ustedes dicen: 'Éste es un glotón y un borracho, amigo de recaudadores de impuestos y de pecadores.'" (Lc 7:34-35). Por ese motivo come Jesús con Mateo y se hospeda en la casa de Zaqueo (Mt 9:9-13; Lc

19:1-9). También crea un espacio eterno de celebración con una mujer de mala fama, al darle la bienvenida en la casa de los fariseos y regocijarse en su acto de ungimiento (Lc 7:36-50). De la misma manera, pide un poco de agua y comparte el reino de Dios con la mujer adúltera y samaritana (ver Juan 4).

Nosotros también debemos entender la celebración de la Santa Cena con la misma clave de ofrecimiento de gracia y comunidad en el ministerio de Jesús. No nos debemos olvidar que Jesús instituye su Santa Cena el día de la Pascua Judía. En la celebración de la Pascua Judía siempre hay un lugar de bienvenida para el extranjero, por celebrar ese pueblo, en esa conmemoración, su peregrinación como pueblo extranjero. Jesús ofrece en su sacramento divino no solamente el perdón de nuestros pecados, sino un compromiso de crear comunidad y solidaridad en el presente, con aquellos a quienes él brinda su gracia divina (ver Mt 26:7-30). Pablo entiende muy bien este propósito de la Santa Cena (1Co 10:14-17). Basado en esta realidad cristológica, Lutero ofrece una visión similar. Al celebrar la presencia real de Dios encarnado en la Santa Cena, celebramos la persona de Cristo. Celebramos que en tan sagrado sacramento se encuentra verdaderamente la presencia de Dios, en ofrecimiento incondicional de amor en nuestra realidad humana y fragmentación de la comunidad. Así lo expresa Lutero: "Cuando has participado de este sacramento, o deseas participar del mismo, debes participar entonces de los infortunios de la comunión (comunidad)... De la misma manera que el amor [de Cristo] y su solidaridad son compartidos contigo, debes compartir ese amor y solidaridad de Cristo con todos aquellos necesitados. Debes sentir con tristeza toda la deshonra infligida a Cristo y su Santa Palabra, y sentir también toda la miseria de la cristiandad, todos los sufrimientos injustos del inocente, los cuales se desbordan por todos los rincones del mundo. Debes luchar, trabajar, y si no puedes hacer nada más, todo esto debe inspirarte una inmensa simpatía."[58]

Pasamos entonces a discernir cómo esta visión cristológica del reino de Dios encuentra expresión en dos hechos importantes de la vida de Jesús: su muerte y su crucifixión.

PREGUNTAS PARA REFLEXIÓN

1. ¿Cuál es el problema fundamental en nuestra relación con Dios?
2. ¿Cuál es el significado para la cristología que Cristo Jesús permita segar trigo el sábado?
3. Reflexione y comente sobre la postura de la Teología de la Liberación en su opción preferencial hacia los pobres. ¿Cómo cabe o no cabe en la postura de la salvación integral proclamada por Jesús?
4. ¿Cómo proclama y demuestra Cristo Jesús una salvación integral en los Evangelios? ¿Cómo podemos tomar esta postura de Jesús sin convertirla en idolatría?
5. ¿Cuál es el llamado que nos hace Cristo Jesús en su predicación del reino de Dios?
6. ¿Cómo crea Cristo Jesús su comunidad, teniendo en cuenta su enseñanza en las parábolas en Lucas 14 y 15?
7. ¿Cómo crea Cristo Jesús su comunidad en la institución de la Santa Cena?

CAPÍTULO SEIS

EL SIGNIFICADO DE LA MUERTE DE CRISTO EN EL REINO DE DIOS

La proclamación de la muerte de Cristo por nosotros, es el punto central de nuestro testimonio al mundo. Así nos los declara San Pablo en 1 Corintios 2:1-2: "Yo mismo, hermanos, cuando fui a anunciarles el testimonio de Dios, no lo hice con elocuencia y sabiduría. Me propuse más bien, estando entre ustedes, no saber de cosa alguna, excepto de Jesucristo, y de éste crucificado."

La pregunta apremiante para nuestra obra pastoral, entonces, es: ¿Cuál es el significado de la muerte de Jesucristo por nosotros? Desdichadamente, esta pregunta ha llevado a una polémica en vez de conducir a una verdadera búsqueda del significado de la muerte de Cristo por nosotros. Los puntos divergentes de interpretación se pueden reducir a dos preguntas: ¿Fue la muerte de Cristo el resultado de su obediencia a la voluntad del Padre, que muriera por nuestros pecados? ¿O fue su muerte la consecuencia y el resultado de su vida de afirmación de los pobres en una circunstancia opresiva e idolátrica?

No creo que las dos preguntas puedan ser separadas ni ignoradas. Una posición no debe ser opuesta a la otra. Los relatos de los evangelios y las epístolas de San Pablo dan cabida a las dos preguntas. Para tomar en serio la muerte de Cristo por nosotros, es necesario conocer su obediencia al Padre en todas las dimensiones de su vida. Esto exige la obediencia de Jesús al Padre en su relación con el mundo y la afirmación de Jesucristo de la voluntad de su Padre en su caminar en el mundo. El significado de la muerte de Cristo por nosotros tiene que proclamarse de una manera integral, pues así lo demanda nuestra lectura de Jesús de Nazaret en los evangelios.

Sin duda Jesucristo murió una muerte violenta. Los cuatro evangelios así lo demuestran claramente. A esto se debe la gran atracción por la cruz de Jesús en nuestras comunidades hispanas y en toda

Hispanoamérica. Particularmente los pobres y los que sufren injusticia, ven en el sufrimiento de Jesús un testimonio de que Dios actúa en solidaridad con su circunstancia y problema históricos. Es muy importante para los teólogos de una tradición conservadora evangélica, no eludir este hecho. Como observa Jon Sobrino, la cuestión no es ver si Jesús era un revolucionario. Lo importante es ver que la predicación de Jesús y sus obras representaban una postura radical que confronta con los poderes religiosos de su tiempo, y de esa manera, indirectamente, confronta con todos los poderes opresores.[59] Es una confrontación del Hijo de Dios, en su predicación del reino de Dios, con los poderes del antireino. Es una confrontación de paz y amor con un cambio en nuestras vidas idólatras, pecaminosas, y también para forjar sociedades donde la dignidad de todo el género humano sea respetada. Han existido en la historia de nuestra iglesia cristianos fieles y creyentes en las Sagradas Escrituras, que han sido acusados de ser revolucionarios sólo por predicar a Jesús y a él crucificado.

Es muy interesante observar que muchos cristianos conservadores llaman hoy mártires a los cristianos de la Iglesia Primitiva que se enfrentaron a los poderes idolátricos y opresivos de Roma. Pero ponen en duda la misma actitud, en la actualidad, de cristianos de nuestras comunidades y sociedades que confrontan con la adoración de dioses falsos.

Para descubrir el significado de la muerte de Jesús, no podemos ignorar 1) la revelación de la voluntad de su Padre narrada en los evangelios, ni 2) la historia de Jesús de Nazaret en su contexto religioso social.

En los Evangelios de Mateo y Marcos podemos percibir que Jesús entiende su muerte como algo muy necesario para cumplir la voluntad de su Padre (ver Mt 16:21-22; 20:17-19; Mr 8:31; 10:32-34). El sufrimiento de Jesús tiene su origen en la voluntad de Dios de llevar su amor al mundo. En el camino de la cruz, Jesús expresa su servicio máximo como el Hijo del hombre que da su vida "en rescate (*lútron*) por muchos" (Mt 20:28; Mr 10:45). En Getsemaní vemos a Jesús subordinado principalmente a la voluntad de su Padre (ver Mt 26:39; Mr 14:36). En el relato de Marcos sobre Getsemaní, vemos cómo Jesús mantiene una relación muy íntima con su Padre en el camino a la cruz, al llamarlo "*Abba*" (padrecito, papi).[60] Nadie más puede tomar ese lugar, y su muerte es el camino que su Padre eterno pide. Así se lo aclara Jesús a la madre de Jacobo y Juan: "¿Pueden acaso beber el trago amargo de la copa que yo voy a beber?" (Mt 20:22).

En Marcos 10:45 (lo mismo que en Mateo 20:28) se puede ver cómo Jesús revela su obra mesiánica. La conducta del Hijo del hombre es una de servicio a la humanidad y no una como la de "los que se consideran jefes de las naciones [y] oprimen a los súbditos, y los altos oficiales [que] abusan de su autoridad" (Mr 10:42). Pero sin duda su muerte es una de sacrificio de conformidad con la voluntad de su Padre, para "dar su vida en rescate por muchos".

El apóstol Juan expresa también la acción voluntaria de Cristo Jesús de común acuerdo con su Padre (ver Jn 10:11, 15, 17). Su muerte no es meramente rendirse a las hostilidades de los saduceos y fariseos. La muerte de Jesús es una muerte en nuestro lugar (*antí*). En griego, la preposición *antí* significa "por" o "en lugar de". Es muy importante notar también en este contexto, que la muerte es en lugar de todo el mundo. En el griego *pollon*, se traduce literalmente "en lugar de muchos".

En realidad, *joi polloi* es un uso idiomático semítico que equivale a "todos". No se habla de su muerte "por algunos, pero no todos", sino que su muerte es por toda la humanidad. Esta misma frase se usa en los textos de la Santa Cena, donde leemos que es la "sangre [de Jesús] del pacto, que es derramada por muchos para el perdón de pecados" (Mt 26:28; ver Mr 14:24).[61]

La muerte de Jesús "en rescate" (*lútron*) por muchos implica que su muerte ocurrió en nuestro lugar y por nuestros pecados. En el idioma griego *lútron* significaba el pago en dinero para comprar la libertad de los esclavos. Pero en el Nuevo Testamento significa redención o liberación como un concepto teológico, basado en la experiencia de la liberación del pueblo de Israel de su esclavitud en Egipto. Es muy probable también que *lútron* alude al Siervo sufriente de Isaías 53, donde leemos en el versículo 6, que "el SEÑOR hizo caer sobre él la iniquidad de todos nosotros".[62] No cabe duda que Dios Padre es el agente de este rescate o redención. Pablo, en 2 Corintios 5:18-19 así lo reafirma: "Todo esto proviene de Dios, quien por medio de Cristo nos reconcilió consigo mismo y nos dio el ministerio de la reconciliación: esto es, que en Cristo,

Dios estaba reconciliando al mundo consigo mismo, no tomándole en cuenta sus pecados...” Así leemos también en varios otros textos, como Romanos 3:24-25, Hebreos 10:1-10. Aquí encontramos una paradoja y un misterio inmenso. Vemos cómo Dios Hijo se encuentra abandonado por Dios Padre en la cruz, para morir en lugar de todos nosotros. Al mismo tiempo, podemos ver a Jesús exclamando las palabras del Salmo 22: “Dios mío, Dios mío, ¿por qué me has abandonado?” Pero ese grito también mantiene viva la confianza en el plan de Dios, al encomendarnos a él sabiendo que el Padre quiere abrazar y darles la bienvenida en su familia a los hijos extraviados de su reino. Pablo nos pinta la bienvenida a ese reino de Dios en su visión escatológica, afirmado en la redención de Cristo: “Si Dios está de nuestra parte, ¿quién puede estar en contra nuestra? El que no escatimó ni a su propio Hijo, sino que lo entregó por todos nosotros, ¿cómo no habrá de darnos generosamente, junto con él, todas las cosas? ¿Quién acusará a los que Dios ha escogido? (Ro 8:31-33).[63]

La muerte de Cristo no es un juego sádico desatado por un Dios caprichoso, sino que es el misterio con el que Dios afirma al ser humano y le ofrece su dignidad por medio de la muerte de su querido Hijo. Todas sus criaturas son afirmadas en este hecho y reciben la dignidad del Padre.[64] Esto lleva en sí que la muerte de Jesús, en obediencia a la voluntad del Padre, es, en su contexto histórico, una muerte de confrontación con el antireino. Jesús, en la plenitud de su persona como Dios y hombre, no solamente confronta con nuestros pecados individuales, sino que llega a ser un afrontamiento con los poderosos que crean sistemas de injusticia para adorarse a sí mismos como si fuesen sus propios dioses. Y esto lo vemos claramente también en la narración de los evangelios. Notamos allí que Jesús es recibido y reconocido como el Mesías en su entrada final a Jerusalén: “¡Bendito el reino venidero de nuestro padre David! (Mr 11:10). De suerte que, procediendo del relato evangélico, es imposible reducir a Jesús el Cristo a un Mesías en rebeldía contra Roma, un precursor de Bar Kochba, por ejemplo, ni tampoco podemos reducirlo a un Mesías judío cuya obra consiste, sola y exclusivamente, en ser la víctima propiciatoria por los pecados de su propio pueblo judío.[65] La obra mesiánica de Jesús contraría las expectativas políticas del pueblo. Jesús alude a las palabras de Zacarías 9:9, concernientes a su obra mesiánica: "Mira, tu rey viene hacia ti, humilde y montado en un burro" (Mt 21:5). Jesús no es un guerrillero. Su institución de la Santa Cena también demuestra que su muerte no es exclusivista, sino que ocurre por los pecados de todo el mundo (Mt 26:28).[66]

Para comprender la verdadera humillación de Jesús en el cuadro de su muerte, en los evangelios, hemos de ver que ésta no es meramente pasiva, ni es una entrega a los deseos de los poderes idolátricos. Su postura es de paz, pero es una paz ofrecida para derribar la idolatría del antireino, al declarar a los desposeídos como pueblo de Dios. Esto se ve claramente, como ya hemos señalado, en Jesús como cumplidor de las profecías en Isaías 61 (Comp. Lc 4:18-19). Ya hemos visto también que Jesús es perseguido por los fariseos y los herodianos, por curar en sábado. Si leemos los evangelios sinópticos detenidamente, veremos cómo se acrecienta el conflicto entre Jesús y todos los poderes religiosos de su tiempo. Lucas, principalmente, narra de manera más exacta que los otros sinópticos cómo aumenta esa persecución contra Jesús. Se puede ver el progreso de esta persecución en Lucas 6:11; 11:53; 13:31, y su culminación con el ministerio de Jesús en el templo de Jerusalén (Lc 19:41-47; 20:1-8).[67]

El Evangelio de San Juan detalla cómo la vida de Jesús se encuentra llena de persecuciones. Pero debemos tener cuidado de no marcar esa persecución, en Juan, como una antipatía de Juan y de los primeros cristianos hacia los judíos.[68] Si leemos a San Juan detenidamente, veremos que no es particularmente a todo el pueblo judío que el evangelista dirige sus comentarios. En estos evangelios se destacan los fariseos en complot con los jefes de los sacerdotes, en cinco ocasiones. En Juan 18:3, el evangelista muestra particularmente a los jefes de los sacerdotes como protagonistas primordiales de este complot. La aristocracia judía y sus poderes se encuentran en el centro de esta persecución.[69]

Pero para resumir y reconocer las dimensiones históricas de la persecución contra Jesús, es importante hacer referencia al juicio a que fue llevado y que ocurre muy poco después de la purificación del templo. Desde este momento se ve a Jesús abiertamente, por propia admisión, como el Cristo, el Mesías, el Hijo del Bendito (Mr 14:58-64). Aquí es acusado por Caifás, el sumo sacerdote, por los jefes de los sacerdotes y los maestros de la ley, por "pretender" ser el

Mesías. Para ellos, Jesús usurpaba la autoridad y el poder de su aristocracia judía. Pero Jesús no pudo ser entregado a la muerte sin el juicio y la aprobación de la ley romana y del procurador Poncio Pilato. La acusación causó impacto en los poderes de Roma. Jesús fue acusado por los poderes religiosos ante el gobernador, por declararse rey de los Judíos. Y por eso, cuando comparece ante él, el gobernador Pilato le pregunta: "–¿Eres tú el rey de los judíos?" (Mr 15:2). La causa por la cual Pilato condena a Jesús, queda indicada por Marcos al señalar la inscripción en el letrero arriba de su cruz: "EL REY DE LOS JUDÍOS" (Mr 15:26). Para Pilato, era un crimen político. Implicaba sedición contra el Imperio Romano que Jesús se declarase rey, como lo señalaba la *Lex Julia de majestate* de Roma. De acuerdo con la ley romana, la ejecución de una sentencia por medio de la crucifixión era el castigo por ese crimen. Con la aplicación de esta ley, Pilato ahogaba las ilusiones de esos rebeldes que querían destruir el orden del Imperio Romano y su orden social de esclavitud.[70]

En resumen, podemos ver en los evangelios que varios grupos fueron responsables de la muerte de Jesús. Entre ellos encontramos a los fariseos, los maestros de la ley, los saduceos, los herodianos, y los poderes del Imperio Romano. Todos estos grupos poseían algún tipo de poder, ya fuera económico, político o religioso. Por eso, estos grupos conspiran juntos la muerte de Jesús. Es algo que nos debe hacer reflexionar seriamente sobre las consecuencias de la vida histórica de Jesús en relación con el tema de la cristología. En los evangelios se destaca, sin lugar a dudas, que la intención del Hijo de Dios es mostrar y vivir la gracia de Dios y su voluntad, por nosotros. El Dios encarnado que vive en nuestra historia, nos trae el amor y el perdón de Dios, que son nuestros por la fe.

Pero ese regalo de amor puede romper todas las cadenas de idolatrías, para crear una comunidad de Dios que se muestra subversiva ante los ojos de los poderes dominantes. En su ofrecimiento de amor nos llama a servir al Dios que se entrega por todos y para todo el género humano. Este ofrecimiento en su nombre asume riesgos y produce un impacto en nuestra circunstancia histórica y nuestro contexto actual en el mundo. No tenerlo presente es separar, en la persona de Cristo, su humanidad de su divinidad. Es tomar, ciertamente, una postura docetista en la proclamación de

Cristo Jesús. El ofrecimiento genuino de su amor y perdón en verdadera comunión con Dios, contiene dimensiones de impacto para nuestra vida de comunidad y nuestra existencia cotidiana. Es algo que se ve mucho más claro en la proclamación de la resurrección de nuestro Señor Jesucristo.

PREGUNTAS PARA REFLEXIÓN

1. ¿Cuáles son los puntos divergentes de interpretación sobre el significado de la muerte de Cristo Jesús? ¿Qué importante es tomar en cuenta las dos interpretaciones?
2. Comente cuál es el lugar de la interpretación de la muerte de Cristo Jesús con relación a la voluntad del Padre. ¿Contribuye la misma a la proclamación de una salvación integral?
3. Comente sobre el lugar de la interpretación de la muerte de Jesús como consecuencia de su postura en su sociedad. ¿Contribuye la misma a la proclamación de una salvación integral?
4. Escriba en uno o dos párrafos el significado de la muerte de Cristo Jesús por nosotros a la luz de los Evangelios.

CAPÍTULO SIETE

LA RESURRECCIÓN COMO PROCLAMACIÓN FUNDAMENTAL DE NUESTRA FE Y COMUNIDAD CRISTIANAS

Pablo nos recuerda la importancia fundamental que tiene la resurrección de Jesucristo para nuestra fe cristiana: "Ahora bien, si se predica que Cristo ha sido levantado de entre los muertos, ¿cómo dicen algunos de ustedes que no hay resurrección? Si no hay resurrección, entonces ni siquiera Cristo ha resucitado. Y si Cristo no ha resucitado, nuestra predicación no sirve para nada, como tampoco la fe de ustedes" (1Co 15:12-14).

¿Cuál es el significado fundamental para nuestra fe, que Cristo haya resucitado? Pablo continúa así su exposición en 1 de Corintios 15: "Lo cierto es que Cristo ha sido levantado de entre los muertos, como primicias de los que murieron" (v. 20). No cabe duda que los evangelios señalan, de diversas maneras, al testimonio de la resurrección de Cristo Jesús (Mateo 28, Marcos 16, Lucas 24, Juan 20).[71] El propio Pablo nos ofrece pruebas evidentes e históricas de la resurrección de Cristo en 1 Corintios 15:3-8.[72] Pero tenemos que reflexionar sobre la resurrección de Cristo Jesús en su sentido teológico y fundamental para nuestra fe cristiana. La afirmación de Pablo de que "Cristo ha sido levantado de entre los muertos, como primicia de los que murieron", ocupa un lugar primordial en la comprensión de la resurrección de Cristo Jesús como un evento apocalíptico y escatológico.

En el Antiguo Testamento vemos que la visión profética de Isaías 24-25 se desenvuelve en un marco apocalíptico. Es apocalíptico en el sentido de que Dios interviene en la historia de crisis del mundo con un juicio universal contra los poderes del pecado (Isaías 24).[73] Pero en el centro de ese juicio surge la promesa escatológica de una nueva creación y un nuevo orden. La promesa está marcada por la esperanza de la resurrección de todos los muertos para todos los que han muerto bajo el oprobio y la opresión causados por el pecado (Isaías 25:7-8). Dos sucesos se encuentran unidos en la profecía de Isaías: la tragedia de la muerte, especialmente bajo opresión y sin sentido, y la esperanza de la resurrección de los muertos. Es una promesa que se ofrece en un espacio sacramental, para todos los pueblos, espacio en el que Dios ofrece la propia comida ofrendada a él, la mejor comida, para que todos los pueblos participen de esa vida nueva (Is 25:6-7).

No se puede predicar la cruz sin la resurrección, ni la resurrección sin la cruz. Los dos eventos son caras integrales de la misma moneda en nuestra afirmación cristológica de la resurrección de Jesucristo. Por eso, en la declaración de su camino a la cruz, Jesús siempre menciona, de un aliento, su resurrección al tercer día.

Así lo notamos en los evangelios sinópticos (Mateo 20:18-19; Marcos 10:33-34; Lucas 18:31-33). Pablo señala claramente, en 1 Corintios 15, este evento apocalíptico y escatológico. Jesús es el primer fruto de los que han muerto. Pero Jesús es más que una promesa general de la resurrección de los muertos. En Cristo radica concretamente el poder del reino de Dios contra el pecado, ya que él es el único vencedor de la muerte de Adán (1Co 15:21-22). En la realidad de su muerte y resurrección tenemos una promesa apocalíptica por la que Dios entra en nuestra historia para vencer a todos los enemigos de su Reino. Y vemos, como acto culminante, la victoria de Cristo Jesús sobre nuestras muertes, incluyendo esa muerte que troncha todas nuestras aspiraciones y promesas ofrecidas en el reino de Dios.

En este cuadro apocalíptico vemos cómo el Dios justo levanta a todos los muertos, pero lo hace a causa de la resurrección de Jesús. Vemos, por ejemplo, en el marco apocalíptico de Daniel 12:1-3, que solamente aquellos que son manifestados como hijos de Dios vivirán esa resurrección de manera victoriosa. El mismo cuadro lo vemos en Mateo 25:31-46. Pero el cuadro de la justicia de Dios en Cristo muerto y resucitado, es un cuadro de amor eterno. El milagro sucede cuando quienes son pecadores, incapaces de acercarse a Dios como hijos suyos, son hechos nuevas criaturas por la promesa del reino de Dios.

Según esta promesa, somos señalados como hijos justos de Dios conforme al poder de su muerte y resurrección. El testimonio de

Pablo dice: "Jesús nuestro Señor... fue entregado a la muerte por nuestros pecados, y resucitó para nuestra justificación." Es la certeza que tenemos por la fe, y queda marcada en nuestros corazones por el Espíritu Santo (Ro 4:23-24).

Al meditar sobre la resurrección de Cristo, no podemos olvidarnos de nuestra historia, pero no debemos tampoco asfixiar con la historia la promesa escatológica para todos nosotros. Dios es quien crea vida y continuará creándola aun frente a la muerte; y éste es nuestro destino final. La historia es necesaria, pero la promesa de Dios es nuestra solamente por el testimonio del Espíritu. El Evangelio de Juan en particular, une la promesa del Espíritu de Pentecostés con la realidad de la resurrección. Es imprescindible mantener esos dos eventos unidos para marchar con fe por el camino del reinado de Dios.[74] Quiere decir que es evidente, especialmente en Pablo y en el Evangelio según San Juan, la experiencia del Espíritu Santo como punto central del testimonio de la resurrección de Cristo Jesús.

Es la señal importante del testimonio de Jesús en Juan (ver Juan 20:19-31). La experiencia de la resurrección es algo más que un evento histórico. Es vivir ahora la realidad y el ofrecimiento de paz que el Espíritu Santo derrama sobre nosotros con su testimonio de la promesa de la resurrección.[75]

En resumen, en la resurrección de Cristo Jesús tenemos un testimonio completo de la realidad de Dios. Su resurrección nos ofrece una afirmación segura de nuestra reconciliación con Dios. Pero nos ofrece también, para nuestra misión en el mundo, la promesa de una nueva creación en que el corderito se echará, finalmente en paz, junto al león. La resurrección de Cristo Jesús marca la esperanza absoluta de que ni el pecado, ni los poderes del pecado triunfarán finalmente sobre nuestras vidas y nuestro mundo. Es con esta esperanza que esperamos que el poder de Dios haga nuevas criaturas de aquellos que luchan por la maldad y los poderes del antireino. La cruz y la resurrección de Cristo Jesús justifican nuestras vidas en la justicia y el amor de Dios. Son las marcas esenciales de que Cristo Jesús es centro y poder de nuestra comunidad.

PREGUNTAS PARA REFLEXIÓN

1. Reflexione sobre el significado de la resurrección de Cristo a la luz de 1 Corintios 15:12-14 e Isaías 24-25.

2. ¿Cuál es el significado apocalíptico de la resurrección de Cristo? ¿Cuál es la promesa escatológica de su resurrección? Comente sobre el impacto de estas perspectivas en la predicación de Jesús sobre el reino de Dios.

3. ¿Qué relación tiene la resurrección de Cristo con la reconciliación?

4. ¿Cuál es el significado de la resurrección con relación a nuestra proclamación de una salvación integral en nuestras comunidades latinas?

SEGUNDA PARTE
Reflexión sobre la cristología a la luz de la historia de la iglesia

Queremos destacar, en esta parte de nuestro estudio, temas fundamentales en el desarrollo de la cristología en el transcurso de la historia de la iglesia. No podemos extendernos mucho, de manera que, obviamente, existirán lagunas sin explorar. Este estudio nos ayudará a plantear preguntas importantes en la tercera parte, en la que meditaremos cómo Cristo es, en nuestra realidad y contexto actuales, el centro y poder de nuestra comunidad cristiana.

Este estudio nos ayudará también a proponer preguntas referentes al desarrollo de esta historia a la luz de la narrativa bíblica. Es aquí que, consecuentemente, reflexionamos y dialogamos particularmente acerca de la tradición de la iglesia, de quién es Cristo Jesús, y cuál su obra redentora.

En su tratado sobre la cristología, Carl Braaten resume varios puntos claves que nos orientan, a fin de comprender los temas fundamentales de la cristología clásica. Estos son: 1) El dogma cristológico de la iglesia tuvo éxito en proporcionar un punto de partida intermedio entre las posiciones heréticas extremas de derecha e izquierda, entre la negación de la unión de la divinidad y la humanidad en la persona de Jesús y entre la negación de la dualidad de las respectivas naturalezas. 2) La fórmula "una persona en dos naturalezas", preservó el mensaje bíblico central de que la salvación se basa en encontrar al verdadero Dios en el hombre Jesucristo.[76]

Veamos cómo se desarrollan estos puntos en las controversias cristológicas de los primeros siglos.

CAPÍTULO OCHO

CONTROVERSIAS CRISTOLÓGICAS EN LA IGLESIA PRIMITIVA

EL DOCETISMO

Las herejías de derecha podrían resumirse en el concepto de "docetismo". El docetismo es una herejía que tiene sus raíces en el gnosticismo. En este punto de partida se niega que pueda existir la unión de Dios con la humanidad. Por lo tanto, el docetismo declara que Jesús solamente tenía, al parecer (*dokeo*=parecer), un cuerpo humano, y consecuentemente, al parecer, sufrió y murió por nosotros como ser humano. ¿Cuál es la razón, entonces, por la que se niega esa unión de Dios con la humanidad?

Primeramente, los teólogos adopcionistas partían desde un punto de vista helenista. En la filosofía griega se insistía en que Dios es inmutable. Si Dios es Dios, no puede ser afectado por la humanidad o estar sometido a ella. Aristóteles, por ejemplo, habla de su concepción de Dios como que es un ser preocupado por sí mismo (*contempla contemplans*), o un acto puro que "crea", pero que no se relaciona con el mundo que crea. Platón, al igual que los filósofos neoplatonistas, ve la creación como algo inferior. Dios es uno. Todo lo que emana o parte de Dios llega a ser imperfecto, ya que no vive en la unidad con Dios.[77] Es por esto que el Credo Niceno confiesa: "Creo en un solo Dios, creador del cielo y de la tierra y de todo lo visible e invisible."[78] Sostener la unidad de Dios no contradice que Dios haya creado lo humano. El Credo Apostólico presenta el mismo énfasis al señalar que Dios todopoderoso es "Creador del cielo y de la tierra".[79] Los dos credos expresan con énfasis también que Jesús encarnó y nació de la virgen María, y que padeció durante el dominio de Poncio Pilato.[80]

La línea docetista tuvo influencia en las controversias trinitarias y el desarrollo de la cristología alejandrina del siglo tercero. Sabelio, obispo de Roma, anticipó una línea docetista en su monarquianismo referente a las formas. No podemos identificar del todo este modalismo con el docetismo primitivo. Sabelio afirmaba que Jesucristo era verdaderamente hombre. Pero, con todo, vemos cómo el docetismo aparece en su pensamiento cristológico. Sabelio enseñó que el Dios Uno (la monarquía divina) se aparece como Padre en las Escrituras hebreas –Antiguo Testamento–, como el Hijo en la vida de Jesús, y como Espíritu en la iglesia. Pero estas distinciones entre el Padre, el Hijo y el Espíritu Santo eran más bien aparentes que reales. En otras palabras, la vida humana de Jesús solamente era como una máscara temporal del Dios Uno, en el cual no pueden existir diferencias.[81] Desde este punto de partida no podemos ver realmente cómo nuestro Dios tiene parte en nuestra humanidad y sufrimiento. Los temas del docetismo se pueden percibir en la escuela de Alejandría.

La cristología alejandrina se desarrolla principalmente en el Oriente, en la ciudad de Alejandría. Su posición teológica es bastante uniforme, contrariamente a la cristología antioqueña, que exhibía diferentes ramificaciones. Los alejandrinos seguían una cristología del tipo "*Logos*-carne." Afirman, especialmente los del siglo cuarto, la unión del Verbo con la carne humana. Los antioqueños insistían en una cristología del "*Logos*-hombre", quiere decir que mantenían la necesidad de "afirmar la unión del Verbo con una naturaleza humana completa".[82] Las conclusiones de esta línea de pensamiento la vemos, como observa Justo González, en los teólogos alejandrinos desde Clemente, línea en la que mantienen la integridad del Verbo aun "en perjuicio de la integridad humana de Jesucristo".[83] Con este modo de pensar, Clemente ve a Jesucristo desprovisto de todas las pasiones humanas. El mismo Orígenes, aunque negaba rotundamente el docetismo, afirmaba que la constitución del cuerpo de Jesús no era igual a la de los otros cuerpos humanos.[84]

Es muy importante ponernos en guardia respecto de estas tendencias docéticas referentes a las formas. Arrio, al igual que Atanasio, seguía una cristología del tipo "Logos-carne." Con todo, la cristología de Atanasio contribuyó a definir las líneas bíblicas contra el docetismo en la teología conciliar. Atanasio se confrontó en el siglo cuarto con la teología trinitaria de Arrio. Esta controversia llevó a convocar el Concilio de Nicea (325). El Concilio formuló el

Credo Niceno, al que ya hemos hecho referencia. Es el primer concilio que trata acerca del problema cristológico del docetismo. Cristo Jesús, encarnado en la virgen María, no es un ser intermediario sino que es el propio Dios. Atanasio establece claramente dos temas importantes para la cristología de Nicea. En primer lugar, insistía en el monoteísmo cristiano y en la doctrina de la salvación en Cristo Jesús.[85] Lo importante es ver que para Atanasio, a la luz de las Sagradas Escrituras, el Padre y el Hijo existen desde la eternidad en la misma unidad, de modo consubstancial, *homoousios*, el uno con el otro. De aquí vemos claramente su monoteísmo. Pero, para salvarnos, ese mismo Dios nos tenía que crear de nuevo. Por lo tanto, la encarnación de Dios Hijo es muy importante. Dios tiene que tomar nuestro lugar y por eso se encarna. Pero en su estilo alejandrino, Atanasio no expresó claramente en qué consistía esa divinidad verdaderamente encarnada en el hombre. Se limitó a enseñar cómo la divinidad viene a ser el sujeto, el protagonista, de todas las acciones de Cristo Jesús. Por no definir claramente estas relaciones de Dios encarnado como verdadero hombre, surgieron otros problemas, como el apolinarianismo.

Apolinario era amigo de Atanasio y escribió contra Arrio. Pero, como observa Justo González, en Apolinario vemos "la conclusión natural de la cristología del tipo '*Logos*-carne', y Apolinario no ha añadido más que el rigor lógico de su propia mente".[86] ¿Cuál es el error del apolinarianismo en relación con el docetismo?

Apolinario escribe lo siguiente con referencia a Jesucristo: "Oh, nueva creación y mezcla divina, Dios y carne completado en la una y misma naturaleza."[87] Con la encarnación, algo nuevo había sido formado. Es una nueva creación de origen humano/divino. Decididamente, en esta nueva creación se podía llamar solamente humano al cuerpo y alma de Cristo. El Espíritu de Cristo era el Espíritu de Dios.

El intelecto, que era divino, conmovió la carne para que actuara de la manera debida. Dios en realidad no vino a nosotros, sino que nuestro cuerpo humano fue transportado a la divinidad y así depuró al cuerpo humano quitándole su imperfección e infortunio.

Vemos aquí cómo el *Logos* remplaza el intelecto humano para redimir y santificar la carne humana. La encarnación se reduce al hecho de que el *Logos* divino asume un cuerpo humano para que la naturaleza divina sobresalga como la dominante en todo tiempo. En esta manera de razonar acerca de Jesucristo, vemos que para el hecho de la redención la naturaleza divina es el agente activo y la humana el agente pasivo. Vemos cómo Apolinario sacrifica la integridad de la naturaleza humana de Cristo y nos presenta un cuadro docético. Hans Schwarz observa lo crítico de la posición de Apolinario: "Lo divino no se hizo humano sino que asumió la función decisiva en un ser humano."[88] Con esta fórmula vemos a un Cristo "en nosotros" pero no un Cristo "por nosotros". Por consiguiente, la posición de Apolinario fue rechazada por el Concilio de Constantinopla (481). Este concilio afirmó que la naturaleza humana de Cristo, con todas sus facultades, era completa, resistiendo así a Apolinario. Para nuestra proclamación, es muy importante señalar que Cristo asume, por nosotros, todas nuestras penurias, dolores, enfermedades y circunstancias humanas. Esto es lo que hemos visto en la proclamación del evangelio y es esto lo que el docetismo opaca en la comprensión soteriológica.

La cristología alejandrina, con su énfasis en la divinidad de Cristo, influyó sobre el monofisismo de Dióscoro, obispo de Alejandría, y de Eutiques, patriarca de Constantinopla. Estos teólogos no negaron la naturaleza humana. Su punto de vista consistía en afirmar que la naturaleza humana fue absorbida por el mayor poder de la divina, en la encarnación. Así pues, en esta posición no existen dos naturalezas sino solamente una (mono) naturaleza (fisismo); consecuentemente, esta posición se llama monofisismo. Algunas veces se la conoce como eutiquianismo, por quienes la defienden, los seguidores de Eutiques. Esta posición docética claramente se traga la humanidad de Cristo y muestra severas consecuencias con relación a nuestra redención. Fue refutada por el Concilio de Calcedonia (451).[89]

El docetismo nos tienta a aislarnos de nuestra condición humana, como monjas o monjes. Nos tienta a negar nuestros problemas históricos, o a considerarlos muy poco importantes. Vemos nuestros pecados solamente en relación con nuestra salvación personal, en un mundo espiritual, negando así la realidad de que nuestros pecados destruyen de manera estructural también nuestras relaciones humanas y de comunidad.

La lectura del evangelio señala a Jesucristo, a la luz de su resurrección, en la esperanza de una nueva creación. El docetismo obscurece y niega esta realidad de nuestra redención. El mensaje del evangelio es: Cristo por nosotros y con nosotros en su proclamación de salvación integral. Es el mensaje de la necesidad de su cruz y su resurrección, en el santo evangelio. No hay redención sin cruz y resurrección. Nuestro Dios Trino no solamente quiere nuestras almas, sino también todo nuestro ser y su creación, que es suya.

EL ADOPCIONISMO

El adopcionismo tiene sus raíces en el cristianismo judaizante del siglo segundo, establecido principalmente al este del Jordán y Siria. La secta principal que propugnó y promulgó una cristología adopcionista, fue la de los ebionitas. Carl Braaten caracteriza al ebionismo como "la herejía perenne del movimiento de izquierda en la cristología".[90] El ebionismo presentaba a Jesús como un mero hombre, negando así completamente su divinidad. Los ebionitas enseñaban que Jesús ciertamente era el Cristo, el Mesías, pero solamente era un hombre escogido por Dios. Era imposible que Jesús fuera Dios. Por tal motivo negaban el nacimiento virginal. Jesús nació de sus padres naturales, José y María.[91] Este tipo de cristología quiere demostrar que la obra mesiánica de Jesús es solamente su adopción como hijo de Dios por el ungimiento del Espíritu de Dios. Jesús es el Cristo solamente por este ungimiento. Es la línea que siguen más bien las teologías contemporáneas, acerca de Jesús.[92]

La línea ebionista y adopcionista se ve principalmente en la cristología de Pablo de Samosata, obispo de Antioquia, durante el siglo tercero. Como lo señala Eusebio de Cesarea, Pablo de Samosata enseñaba a "Jesucristo de la tierra" en contraste con el de lo alto.[93] Su cristología ebionista representa un monarquianismo dinamista. Su nombre más común es el adopcionismo, pues de acuerdo al monarquianismo dinamista, Jesús llega a ser completamente divino solamente desde abajo. Quiere decir que, en una presencia y comunión especial del Espíritu de Dios con Jesús, y en el crecimiento de Jesús en verdadera santidad, se encuentra la presencia dinámica de Dios. Ésta es la manera en que el Padre adopta a Jesús como Mesías y como su verdadero Hijo.[94] Justo González nos hace una advertencia respecto del adopcionismo de Pablo de Samosata. Nos indica que Pablo [de Samosata], contrariamente a los ebionistas, creía en un nacimiento virginal.

Ahora bien, ese nacimiento no es el nacimiento del *Logos* eterno. "No se trata del Hijo eterno hecho carne." No es un nacimiento substancial, sino uno en que el Hijo escogido simplemente lleva a cabo los propósitos de Dios.[95] Por lo tanto, seguimos viendo una cristología adopcionista en la que Dios no asume nuestra realidad humana para afrontarla, redimirla y liberarla. No vemos aquí, desde un punto de vista soteriológico, al "Dios por nosotros". Solamente vemos a un Dios que se hace real por la presencia del Espíritu. No criticamos aquí las dimensiones pneumatológicas de la cristología. Se advierte que para una proclamación efectiva en cuanto a nuestra redención, Dios entra en nuestra realidad para renovarla. Nuestra comunidad humana es el centro en el que Cristo encarna, toma nuestra realidad, para hacernos nuevas criaturas en el Espíritu. El Cristo que nos renueva por medio de nuestro bautismo en su muerte y resurrección, siempre nos compromete a vivir su presencia en comunidad de amor y paz, con el mundo. La posición adopcionista no demuestra cómo Dios llega a ser un ser humano de carne y huesos como nosotros, en nuestra realidad humana, y que vive así en nuestra comunidad.

PREGUNTAS PARA REFLEXIÓN

1. ¿Cuáles son los puntos o temas claves de la cristología clásica?
2. ¿Cuál es el problema del docetismo en relación a la persona y obra de Cristo Jesús?
3. ¿Cómo influyó el docetismo en las controversias cristológicas?
4. ¿Cuáles son los puntos divergentes entre la cristología alejandrina y la antioqueña?
5. Comenten sobre la cristología de Atanasio. ¿Cómo nos hace posible, o no, proclamar una salvación integral?
6. ¿Dónde vemos una posición docetista en la cristología de Apolinario? ¿Cómo rechaza su posición el Concilio de Constantinopla (481)? ¿Cómo impacta la visión de Apolinario la proclamación de Cristo en nuestro contexto hispano?
7. ¿Cuál es el problema del monofisismo? ¿Cómo impacta la proclamación de Cristo Jesús?
8. ¿Qué es el adopcionismo? ¿Cómo impacta el adopcionismo

nuestra proclamación de Cristo Jesús en nuestras comunidades hispanas?

CAPÍTULO NUEVE

FORMULACIÓN DE LA CRISTOLOGÍA ORTODOXA CLÁSICA

CONCILIO DE ÉFESO DEL AÑO 431

En el Concilio de Éfeso vemos la disputa entre la escuela alejandrina y la antioqueña elevada a una escala mayor. Se destaca principalmente en esta disputa la relación que debe existir entre la divinidad y la humanidad de Cristo Jesús (o sea sobre la *communicatio idiomaticum* o comunicación de los atributos). En la época de la Reforma este problema sale a relucir de nuevo entre los teólogos luteranos y Zuinglio. Veamos el trasfondo de esta disputa al considerar puntos importantes de la cristología antioqueña.

Los líderes principales de los antioqueños fueron Eustatio de Antioquía, Diodoro de Tarso, Teodoro de Mopsuestia, y Nestorio. Es imprescindible destacar que la escuela antioqueña tenía muchos puntos en común con la escuela de Alejandría. Mantenía que Cristo Jesús es Dios absoluto, y afirmaba también la enseñanza tradicional de que Cristo Jesús era completamente humano. Estos teólogos antioqueños rechazan los principios ebionistas y docetistas.[96] Así y todo, su modo de pensar se asemeja en varios aspectos a las cristologías del moralismo de los siglos 19 y 20, lo cual se debe a sus enseñanzas concernientes a la morada de Dios en su Hijo. Teodoro narra claramente esta posición en su obra *Acerca de la Encarnación*. La morada de Dios en Jesús, difiere de la morada de Dios en todos los seres humanos, por su omnipresencia. Es una morada muy especial por la buena voluntad con que Dios Padre habita en su Hijo. Es una relación o conjunción, en la que en realidad no hay verdadera comunicación de la humanidad de Jesucristo con la divinidad, en su persona. Aunque Teodoro habla de una "unidad de persona", en realidad se ven dos personas en su cristología: El *Logos* y Jesús.[97]

La vida de Jesús en el mundo, entonces, es de verdadera integridad humana y moral por medio de esta relación especial con el

Padre. No cabe duda que en los evangelios se puede ver el tema de la íntima relación entre el Padre y el Hijo en su obra mesiánica. El Evangelio de San Juan, en particular, destaca esta relación (Comp. Juan 17). El pensamiento de Teodoro es guiado, en realidad, más por la exégesis que por la ontología griega. La mente griega quería ver una salvación del mundo actual, y no veía cómo una mera guía moral divina podía producir este efecto. Siguiendo las reflexiones del Jesús histórico, ya investigadas en la primera parte de esta obra, vemos que nuestra preocupación por una visión meramente moral, no tiene tampoco por objetivo nuestra situación actual de pecado. Los que se encuentran marginados, perdidos en su situación, quieren ver cómo Dios se desenvuelve en la historia para redimirlos y liberarlos del pecado y del mal. Esto requiere una verdadera presencia de Dios y de la humanidad en verdadera comunión, en la persona de Cristo.

Por eso, en nuestra fe católica evangélica, no predicamos solamente a un Dios *en* nosotros, sino que al mismo tiempo lo proclamamos *por* nosotros y *con* nosotros. Nuestro Dios en la persona de nuestro Redentor Jesucristo, habita así entre nosotros para llamarnos en comunidad con el mundo. Veamos el modo en que se desarrolla la cristología antioqueña de Nestorio.

Al ser elevado Nestorio a la dignidad de patriarca de Constantinopla, hizo frente al pensamiento de Apolinario. El problema de cómo se relaciona Dios con la humanidad de Jesús, llegó, en su teología, a una confrontación. Al comenzar su oficio eclesiástico, le preguntaron a Nestorio si la virgen María había dado luz a Dios (*zeotokos*) y también a un ser humano (*anzropokos*). Afirmó que Jesús era en realidad un ser humano, pero rechazó que María diera a luz a Dios[98]. Por eso Nestorio no podía afirmar que María era madre de Dios (*zeotokos*), pero en cambio afirmaba que era madre de Cristo (*jristotokos*).

Es necesario destacar ciertos puntos claves para examinar esta controversia de una manera más objetiva y abierta. Es evidente que las terminologías cristológicas como persona, naturaleza, *hipóstasis* (uno que se distingue por su posición), *prosopon* (uno en relación con la otra persona), fueron usadas en diferentes sentidos por Nestorio. La posición de Nestorio, condenada por el Concilio de Éfeso, es, en cierta manera, una caricatura de su posición.[99] Nestorio no estuvo presente para defenderse y Cirilo de Alejandría lo atacó sin misericordia. Con todo, esto no quiere decir que no haya habido razón alguna para las acusaciones en su contra.

Nestorio quería mantener y subrayar la integridad de cada una de las naturalezas de Jesucristo. Por consiguiente, atribuyó a cada una de esas naturalezas su propio *prosopon*, o personalidad, distinta una de otra. Esta doctrina de dos personas (*prosopa*) en Cristo llegó a ser la marca definitiva de su herejía y condenación por el Concilio de Éfeso. La única conexión, unión (*synapheia*) o comunión íntima que puede existir en su cristología, es la de dos personas disfrutando de una relación mutua.[100]

Es durante estas batallas que Cirilo define ciertos conceptos claves, que fueron adoptados luego por la cristología ortodoxa. Cirilo es el primero en afirmar que la unión de la divinidad y la humanidad en Cristo es una "unión hipostática". Como observa J. González, "...esta expresión... luego vino a ser marca de la ortodoxia cristológica".[101] En Cristo Jesús la naturaleza divina se une a la naturaleza humana en una sola hipóstasis (persona), es decir, en la hipóstasis del Verbo.[102] Consecuentemente, observa Cirilo, la naturaleza humana de Cristo carece de hipóstasis o personalidad propia. Cirilo usa el término *anhipostática* para referirse a dónde radica la personalidad de Cristo. La naturaleza humana no tiene en sí misma personalidad propia (*anhipostasis*), sino que depende de la hipóstasis, la personalidad del Verbo. Esto no quiere decir que Cirilo niegue la individualidad de la naturaleza humana del Salvador Cristo Jesús. Lo que quiere recalcar es que no subsiste por sí misma, sino "que el principio de su subsistencia está en el Verbo".[103]

Hans Schwarz resume así la contribución de Cirilo a nuestra cristología ortodoxa: "La contribución positiva de Cirilo fue comprender que no podemos distinguir o separar las dos naturalezas del *Logos* encarnado. Ya que se considera que Cristo Jesús es consustancial a Dios, se ve claramente que el interés mayor estuvo en su divinidad, y este interés prevaleció en la discusión."[104]

Durante el siglo 5, la iglesia luchó entre dos posiciones extremas. De un lado tenemos la posición del monofisismo, que afirmaba que Cristo Jesús era netamente divino, pero no era en realidad humano. Del otro lado tenemos la posición del nestorianismo, donde encontramos al Jesús humano que no era realmente *uno* con Dios. En resumen, Nicea (325) condenó el arrianismo por negar que Cristo Jesús sea consustancial, *homoousios*, con el Padre. Cristo Jesús es absolutamente Dios. En Constatinopla (381) la iglesia rechaza el apolinarianismo, por negar que Cristo Jesús sea también completamente humano. La Iglesia Ortodoxa confesaba que Cristo Jesús es verdaderamente Dios y verdaderamente humano. El problema radicaba en cómo están relacionadas su divinidad y humanidad la una con la otra. La iglesia luchaba por integrar las posiciones opuestas de Eutiques y Nestorio. La lucha entre los alejandrinos y antioqueños se intensificó durante este tiempo, lo cual llevó finalmente a la convocación del Concilio de Calcedonia.

CONCILIO DE CALCEDONIA (451)

Hasta ahora no hemos puesto énfasis en las posiciones cristológicas de Occidente, particularmente la de Tertuliano, que luego ejerció influencia sobre teólogos como Hilario de Poitiers, Ambrosio y Agustín. El Papa León I el Grande, de Roma (papa de 440 a 461), mandó una carta al patriarca de Constantinopla tiempo antes de que se convocara el Concilio de Calcedonia. Su posición era esencialmente la de Tertuliano. León I afirmaba que Cristo Jesús existía de una manera nueva sin apartarse de la gloria del Padre. Existe una unidad en la persona, que no disuelve las características divinas y humanas. Cada forma mantiene sus propias actividades en su comunión en la persona: "El Verbo hace lo que es propio del Verbo, y la carne lo que es propio de la carne. Uno reluce en milagros y la otra padece injurias. Y de igual modo que el Verbo no deja de ser igual a la gloria del Padre, así también la carne conserva la naturaleza de nuestra raza."[105] León I afirmó, particularmente contra el nestorianismo, que Cristo Jesús verdaderamente es una sola persona: "Porque ha de repetirse una y otra vez que es uno y el mismo quien es verdaderamente Hijo de Dios y verdaderamente hombre."[106]

Veamos, pues, cómo Calcedonia incorpora en la persona de Cristo Jesús sus dos naturalezas y las relaciona mutuamente. Como hemos visto, Tertuliano y Cirilo, Occidente y Oriente, buscaron relacionar las dos naturalezas en la [una] Persona (o *hipóstasis*) del Logos.[107] Es esencial repetir la fe de Calcedonia, fe cristológica que ha conducido a la confesión cristológica de la Iglesia Católica

Romana, la Iglesia Ortodoxa y la Protestante. Es más, esta confesión de fe fue afirmada por los luteranos en la Confesión de Augsburgo, Capítulo III, donde trata sobre el Hijo de Dios.[108] Veamos, pues, cuál fue la afirmación de la fe de Calcedonia.

El Credo de Calcedonia: "Siguiendo, pues, a los santos Padres, enseñamos todos a una voz que ha de confesarse uno y el mismo Hijo, nuestro Señor Jesucristo, el cual es perfecto en divinidad y perfecto en humanidad; verdadero Dios y verdadero hombre, de alma racional y cuerpo; consubstancial (*homoousios*) con el Padre según la divinidad, y él mismo consubstancial (*homoousios*) con nosotros según la humanidad; semejante a nosotros en todo, pero sin pecado; engendrado del Padre antes de los siglos según la divinidad, y en los últimos días y por nosotros y nuestra salvación, nacido de la virgen María, la madre de Dios (*zeotokos*), según la humanidad; uno y el mismo Cristo Hijo y Señor Unigénito, en dos naturalezas (que existen) sin confusión (*asynjytos*), sin mutación (*atreptos*), sin división (*adihairetos*), sin separación (*ajoristos*), y sin que desaparezca la diferencia de las (dos) naturalezas por razón de la unión, sino salvando las propiedades de cada naturaleza y uniéndolas en una persona (*prosopon*) e hipóstasis; no dividido o partido en dos personas (*prosopa*), sino uno y el mismo Hijo Unigénito, Dios Verbo y Señor Jesucristo, según fue dicho acerca de él por los profetas de antaño, y nos enseñó el propio Jesucristo, y nos lo ha transmitido el Credo de los Padres."[109]

Vemos claramente en esta confesión que Cristo Jesús es una sola persona, en quien habitan en perfecta unión, en su persona, las naturalezas divina y humana. De manera que Calcedonia afirmó la fórmula de una sola persona y dos naturalezas como dogma cristológico. Lo genial de este concilio se puede percibir en dos puntos importantes. Primero, este concilio no afirmó cómo era en realidad este nuevo ser. Segundo, decidió poner límites o parámetros, más allá de los cuales la unidad de las dos naturalezas no se puede afirmar. Estos parámetros fueron afirmados por medio de cuatro negaciones.

Así es como existen las dos naturalezas: 1. Sin confusión. 2. Sin cambio (o mutación). Se afirma sin confusión y mutación, para evitar toda forma de apolinarismo, en el que Cristo Jesús deja de tomar completamente nuestra humanidad. Este Credo afirma que sí, que el *Logos* encarnó completamente en nuestra humanidad. De esta manera contrarrestó la tendencia de la cristología alejandrina de anular la humanidad de Cristo Jesús.

Las otras dos negaciones son: 3. Sin división. 4. Sin separación. Se afirma esto, para evitar las tendencias del nestorianismo y de la cristología antioqueña, en los que la naturaleza divina se separa de la obra de Cristo Jesús por nosotros. Esta fórmula, redactada en forma de cuatro negaciones, más la afirmación de la teología occidental, que Cristo Jesús es verdaderamente humano –observa Hans Schwarz–, parece ser una tregua o acuerdo entre dos facciones. En realidad fue una resolución feliz para la iglesia. Porque llegó a darse cuenta que, aunque es esencial confesar que Cristo Jesús es verdaderamente Dios y hombre, no podía afirmar absolutamente cómo vivía en esa relación.[110] Estamos hablando de un misterio revelado a nosotros en la persona de Cristo Jesús.

Podríamos decir que con la confesión de fe de Calcedonia, la Iglesia de Occidente le dio una respuesta a la Iglesia de Oriente. Fue dada por medio de una fórmula positiva con la que se pueden rechazar y limitar especulaciones sobre la persona de Cristo Jesús. Y se logró esto al tomar el Concilio de Calcedonia un camino equilibrado entre la neutralidad, por un lado, y la limitación, por el otro, del camino especulativo de querer robarnos la profundidad del misterio que nos confronta en Cristo Jesús. Esta fórmula con las cuatro negaciones, indica a los representantes de la Iglesia de Oriente, que sus primeros pasos en definir la persona de Cristo Jesús eran un ejercicio fútil, ya que esto requería una definición de Dios. Si uno quiere determinar cómo los factores divinos y humanos se encuentran relacionados en la persona de Cristo, tiene que definir primeramente cada uno de esos factores. Pero, ¿cómo vamos a definir o limitar lo divino? Toda definición de lo divino es imposible o resulta ser una caricatura aparte de la revelación dada en los evangelios. Y éstos sólo señalan en su narración cómo Cristo Jesús obra en calidad de Dios y hombre por nosotros y para nuestra salvación.

Aunque la fe de Calcedonia es imprescindible para nuestra confesión, no quiere decir que la fórmula apagó las llamas de la controversia. En la historia de la iglesia se puede ver cómo algunos extremistas alejandrinos pensaron que la fórmula era muy floja y demasiado débil. Los nestorianos, evidentemente, creyeron que la fórmula era muy severa. Otros concilios, como el Quinto Concilio de Constantinopla, fueron convocados sin resolución favorable para los monofisistas y los nestorianos.

Es muy importante destacar enfáticamente, que aquí no estamos hablando de una historia pasada, sino de una que llega a ser contemporánea. Hasta el día de hoy tenemos iglesias monofisistas establecidas en Egipto y Etiopía. La Iglesia Copta es monofisista. Grandes partes del pueblo cristiano de Irán, India, China y Asia Central, han sido constituidas como iglesias nestorianas. En un mundo de visión limitada, en el que creemos que la cristiandad y su progreso dependen de Norteamérica y Europa, esta realidad quizás no tenga un gran significado. Pero la iglesia cristiana que más crece se encuentra hoy en día en África, Asia e Hispanoamérica.[111] Al mismo tiempo, la fe del Islam concuerda, en muchos sentidos, con la cristología nestoriana, en la que se afirma que Jesús es un ser divino, nacido de una virgen, pero un ser meramente humano.

Al mismo tiempo, tenemos que estar conscientes también de la existencia de sectas populares entre nuestra población latina en Hispanoamérica y Norte América. Los mormones, por ejemplo, crecen de día en día, al igual que los Testigos de Jehová. Si examinamos su punto de partida, veremos reflejos del arrianismo y del nestorianismo. Vendrán con nuevos nombres, pero las mismas sectas viven entre nosotros invocando el nombre de Jesús. Nos toca estar conscientes, entonces, de la narrativa bíblica y de cómo la cristología clásica hizo frente al problema que obscurece la enseñanza que dice que la persona Cristo Jesús es verdaderamente Dios y verdaderamente hombre, por nosotros y para nuestra salvación.

Calcedonia es importante para nosotros porque provee un patrón esencial para la enseñanza de la comunicación de los atributos. Vemos que presupone una cristología bíblica, pues en el Nuevo Testamento los atributos divinos y humanos son predicados de un solo sujeto. Referencias tales como Hechos 3:15: "Mataron al autor de la vida" y Juan 17:5: "Y ahora, Padre, glorifícame en tu presencia con la gloria que tuve contigo antes de que el mundo existiera", en realidad son solamente posibles si las dos naturalezas, la divina y la humana, se encuentran unidas en la persona de Cristo Jesús. Una unión moral de propósito no ofrece, en realidad, un fundamento suficiente para hacer referencia a qué enseñan estos textos bíblicos respecto de la muerte y el sufrimiento de Cristo por nosotros, en las Sagradas Escrituras. Pero debemos tener presente ciertas críticas que, en realidad, nos ayudarán a proclamar de una manera sana el testimonio bíblico respecto de Calcedonia. Veo dos de ellas muy importantes para nuestra reflexión:

1. Algunos autores han criticado la fe de Calcedonia como un desarrollo dogmático con el que nace una posición aberrante, pues remplaza la cristología del Nuevo Testamento con una reflexión filosófica sobre la persona y las dos naturalezas de Cristo. De manera que el período patrístico de la iglesia se ve como una helenización del cristianismo.[112]

Esta posición ha sido abrogada por los teólogos protestantes liberales del siglo 19, como Adolf von Harnack. No obstante, es importante tomar nota de esta crítica. En nuestra proclamación no hablamos de unión hipostática, comunicación de los atributos, etc. Pero sí tenemos que tener conciencia del misterio de la unidad personal (*unio personalis*) de las dos naturalezas en Cristo Jesús. De otro modo, se desintegra nuestra predicación de Cristo Jesús en un Cristo meramente humano, muy humano, muy moral, buen maestro, pero no en un Dios de carne y hueso, que toma nuestra situación para redimirnos.

Pero la crítica es sana en este respecto: nuestra tendencia muchas veces ha sido anular la humanidad por la divinidad de Cristo. No lo hacemos conscientemente, pero enseñamos un Señor, perfecto en nuestra historia, porque es Dios y hombre, pero no lo insertamos en el centro de nuestra historia como Dios y hombre como lo hacen los evangelios. Predicamos entonces una salvación ascética caída del cielo, pero no arraigada en la condición humana y en el dolor del pueblo de Dios. Esto es parte de la crítica de la Teología de la Liberación. En el nombre de Cristo no solamente nuestros pecados son perdonados, sino que envuelve una salvación integral. Miramos hacia el final de una manera escatológica. Tenemos la esperanza de que el Dios que resucitó a Cristo Jesús, lo hizo porque se compadeció de nuestra condición, como lo hizo con el pueblo de Israel. Es la visión de Pablo en Romanos 8. Queremos una relación de paz con nuestro Señor, pero añoramos también ser “vencedores por medio de aquel que nos amó.” ¿Y qué implica esta victoria? “Pues estoy convencido de que ni la muerte, ni la vida, ni los ángeles ni los demonios, ni lo presente ni lo por venir, ni los poderes, ni lo alto ni lo profundo, ni cosa alguna en toda la creación, podrá apartarnos del amor que Dios nos ha manifestado en Cristo Jesús nuestro Señor" (Ro 8:37-39).

Decididamente, necesitamos a Calcedonia para permitirnos predicar el misterio de Cristo Jesús, que como Dios y hombre se inserta cual nuestro Dios en nuestra historia. Pero esta predicación tiene que ser medida por la narrativa bíblica de una salvación, redención y liberación completa por medio de Cristo nuestro Redentor. Añoramos, como lo expresa el Credo Apostólico, "la resurrección de la carne", y el Niceno, "la resurrección de los muertos."[113]

2. Muchos teólogos contemporáneos afirman la fe de Calcedonia, y ven en ella la base fundamental para regular nuestro idioma y terminología cristológicos. Con todo, ven que Calcedonia puede limitar nuestra investigación cristológica. Para ellos es importante poner énfasis en la persona de Cristo y la relación entre las dos naturalezas. Decididamente, ven que los padres de la iglesia estaban preocupados, en su patrística, por la soteriología. Pero señalan que en su cristología no existe una soteriología explícita.[114]

Es muy importante señalar esta importante laguna de Calcedonia. El concilio no nos puede guiar plenamente en proclamar el significado soteriológico de Cristo Jesús. Esto ha sido un punto de discusión en la historia de la iglesia, como lo demuestra la época de la Reforma. Pero el problema de la relación del Dios severo con el Dios de amor, no es la única dificultad de la soteriología. Es importante en el contexto de la Reforma y para nosotros, pero no es el único tema. Como hemos visto en la primera parte de este estudio, el problema de vivir en comunidad fue notable en la Iglesia Primitiva. Las relaciones humanas, como tema de la salvación, son bíblicas. Hoy en día vivimos en un mundo que se encuentra delante de nuestras puertas. El tema de la particularidad y necesidad de Cristo en un mundo donde hay tanta diversidad de religiones, adquiere mucha importancia para el tema de la salvación. Por eso, nuestra cristología tiene que ir más allá de fórmulas y ejercicios dogmáticos.[115]

PREGUNTAS PARA REFLEXIÓN

1. ¿Cómo se asemejan las cristologías antioqueña y alejandrina? ¿Qué podemos aprender bajo sus puntos de semejanza?

2. ¿Cuál es la posición cristológica de Teodoro? ¿Cómo impacta su posición en la proclamación de Cristo en nuestras comunidades hispanas?

3. ¿Cuál es la posición cristológica de Nestóreo? ¿Cómo pudiera impactar una posición como la suya en nuestra enseñanza acerca de Cristo en las comunidades latinas?

4. ¿Cuál es la contribución de Cirilo a la cristología ortodoxa? ¿Cómo impacta esta posición a nuestra proclamación de Cristo en nuestra comunidad hispana?

5. Señale los puntos claves e importantes adoptados por el Concilio de Calcedonia (451) sobre la persona de Jesucristo. ¿Qué importantes son estos puntos en nuestra proclamación de Cristo Jesús en nuestras comunidades hispanas?

6. Comente sobre la importancia de los cuatro puntos negativos declarados en el Credo de Calcedonia. ¿Cómo impactan estos cuatro puntos nuestra proclamación de Jesucristo?

7. ¿Qué cuidado debemos de tener al usar el Credo de Calcedonia en situar a la persona de Jesucristo en nuestras comunidades hispanas?

CAPÍTULO DIEZ

LA CRISTOLOGÍA EN LA ÉPOCA DE LA REFORMA

Como hemos visto, las controversias cristológicas no cesaron con Calcedonia. Continuaron por más de un milenio. La controversia resurgió en el siglo 16, en la época de la Reforma. La tradición cristológica protestante lo tomó con mucha seriedad y sintió grandemente el impacto de Calcedonia. Bonhoeffer resume claramente lo que se encuentra en el centro del diálogo teológico de la Reforma: "La fórmula de que Cristo es una persona en dos naturalezas es válida: Pero, ¿cómo ha de ser interpretada? ¿Cómo puede sostener el diálogo soteriológico y a la vez ser leal al material bíblico? ¿Y cómo hacerlo así en términos de Calcedonia? La explicación acerca de las dos naturalezas debe comprender el hecho de que Dios es completamente hombre. Pero, ¿cómo puede Jesús de Nazaret ser todopoderoso y omnipresente, y al mismo tiempo un simple y verdadero hombre? ¿Cómo puede Dios sufrir en Cristo y ser al mismo tiempo omnisciente y omnipotente en él? La respuesta debe ser una en la que no se ponga en duda la divinidad de Cristo, ni se vuelva algo absurdo su humanidad."[116]

Veamos, pues, cómo debatieron los teólogos luteranos y reformados estos puntos de partida.

LA CONTROVERSIA ENTRE LUTERO Y ZUINGLIO SOBRE LA PERSONA DE CRISTO

La Fórmula de Concordia afirma la doctrina de la comunicación de los atributos de Cristo con relación a la controversia de Lutero con Zuinglio.[117]

No cabe duda que la cristología de Lutero tenía, desde sus orígenes, un interés soteriológico. La persona de Cristo Jesús es vista por Lutero a la luz de su obra. Su persona tiene que ver con su obra, especialmente en la historia, en su relación con nosotros y por nosotros. La exposición de Lutero del Segundo Artículo del Credo Apostólico en su Catecismo Menor, destaca claramente este punto clave de su cristología. Lutero se afirma en Calcedonia para declarar que "Jesucristo... es mi Señor... y me ha rescatado a mí de todos los pecados, de la muerte y del diablo..."[118] En esta realidad de que Dios se encuentra junto a nosotros, Lutero afirma de manera radical el modo como Dios camina por la calles, va a buscar pan y agua, y come y bebe con su madre.[119] El Artículo VIII de la Fórmula de Concordia, destaca también cómo Lutero afirma, en "Los Concilios y la Iglesia", ese radicalismo de la presencia de Dios por nosotros:

"En realidad el Hijo de Dios es crucificado por nosotros, es decir, la persona que es Dios; pues digo, ella, la persona, es crucificada según la humanidad."

Y continúan los reformadores citando, en la Fórmula de Concordia, la misma obra y radicalismo: "Esto hemos de saberlo los cristianos: Cuando Dios no está en la balanza para hacer peso, nos hundimos con nuestro platillo. Con esto quiero decir lo siguiente: Si no es verdad la afirmación de que Dios murió por nosotros, sino sólo un hombre, estamos perdidos. Mas si la muerte de Dios y 'Dios sufrió la muerte' está en el platillo, éste baja y nosotros subimos como un platillo liviano y vacío... Pero no podría estar en el platillo a menos que se hiciera un hombre igual a nosotros, de modo que se pueda afirmar que Dios murió, y hablar de la pasión de Dios, su sangre y muerte."[120]

El problema de Lutero, y de todos los teólogos, surge cuando tenemos que dar explicaciones lógicas sobre la relación de las dos naturalezas en la persona de Cristo Jesús. Lutero es impulsado a hacer esto por dos motivos. Primero, quiere poner énfasis en que Dios, en toda su majestad y presencia, se encuentra presente en su Hijo. Cristo es el Verbo, absolutamente. Segundo, no quiere limitar la presencia de la divinidad por causa de la humanidad. El Reformador quiere aclarar que si el Hijo sufre, ese sufrimiento no afecta al Padre en su divinidad. Lutero trata de evitar el *patripasionismo*, donde se expone que el Padre sufre como Hijo.[121] En la misma cita en la que acabamos de hacer referencia respecto de que "Dios sufrió la muerte", Lutero afirma: "Pues Dios en su naturaleza divina no puede morir, pero estando unidos Dios y hombre en una sola persona, bien puede hablarse de la muerte de Dios cuando muere el hombre que con Dios es una sola persona."

La cristología de Lutero es fiel concerniente a su visión soteriológica en armonía con los evangelios. El tema que desarrolla es muy importante, pues trata acerca de la presencia real de Dios en su gracia. Para el Reformador es imprescindible destacar que si no es Dios quien pone su peso en la balanza, nosotros nos hundimos. Si un mero ser humano muere, y no es Dios quien muere, verdaderamente estamos perdidos. Ahora que si la muerte de Dios está en el platillo, él es quien se hunde y nosotros resucitamos a vida nueva. La muerte del hombre Jesucristo no nos puede salvar, pues no estaríamos relacionados con Dios. Esa solidaridad de un ser humano, el hombre Jesús, con nuestra culpabilidad, sufrimiento, soledad y muerte, por sí sola no nos ayuda. Solamente la solidaridad de Dios en nuestra condición humana por y con nosotros, nos ayuda; y en esa identidad de amor lo encontramos en una humanidad real. Y esta realidad nos permite proclamar y dar testimonio de su agonía, sufrimiento y muerte como nuestro Dios crucificado. Esta realidad nos permite hablar de cómo Cristo crea en esa manera de ser una verdadera comunión de amor.

Helmut Thielicke nos ofrece una explicación excelente de cómo la posición de Lutero no queda afectada por la especulación, en sus debates con Zuinglio respecto de la presencia real de Cristo Jesús en la Santa Cena.[122] Thielicke hace notar que cuando Lutero afirma la muerte de Dios, puede sonar radical, pero es muy clara su posición en tanto mantiene la obra de la redención como tema central. Pero pierde esa claridad cuando toma el próximo paso lógico al afirmar que no solamente se hace hombre, sino que además la humanidad de Cristo no afecta a Dios. Y esto es lo problemático que Lutero ha dejado como herencia a sus seguidores. Si mantenemos la unidad de la persona de Cristo, no podemos limitarla diciendo que solamente los elementos divinos en Cristo pueden subyugar las olas y los vientos o llamar y hacer surgir desde la tumba. Hacer esto es hacer de la humanidad solamente una manifestación de la divinidad.

Al estar preocupado por preguntas especulativas, Lutero aflojó las riendas, lo que, junto con sus reflexiones de fe, condujo a un camino sin salida. Aquí, entonces, su doctrina del *communicatio idiomaticum* (comunicación de los atributos) sugiere ser solamente una expresión ontológica. Quiere decir que esta doctrina significa ahora que cada atributo es el atributo de la persona total de Cristo y son compartidos por cada naturaleza en su persona. Lo mismo sucede con cada operación de la persona. Si es así –y Lutero nos aclara que no es así–, en su visión de Cristo por nosotros, entonces la naturaleza divina llega a estar sujeta al destino de la naturaleza humana (la muerte de Dios), y así la naturaleza humana queda revestida de omnipotencia y omnipresencia. Consecuentemente, tenemos la doctrina de la ubicuidad del cuerpo (o de la naturaleza humana), que juega un papel importante en la doctrina luterana de la presencia real de Cristo en la Santa Cena. Con esta doctrina de la ubicuidad, Lutero intentó proveer un trasfondo metafísico respecto a su insistencia literal, con Zuinglio, de "Esto es mi cuerpo".[123]

Damos gracias por el hecho de que Lutero regresó, en sus afirmaciones cristológicas, a su interés principal. Este interés era su preocupación soteriológica y su proclamación de la fe evangélica. Y lo hace de dos maneras:

Primero, Lutero expresa el gran consuelo que tenemos en la frase "esto es," por motivo de la presencia real. Significa que tengo la seguridad absoluta de la presencia corporal de la gracia del Señor en mi vida. Al comer y beber del cuerpo y la sangre de Cristo, Jesús vive en una relación íntima y real con mi cuerpo. Puedo estar seguro que no me relaciono de una manera simbólica en la Santa Cena con una idea de la reconciliación o con un suceso del pasado, sino que la reconciliación y la historia de la salvación son un acontecimiento concreto para mi circunstancia y mi vida en este momento. Cristo Jesús hace posible, en su unidad de Dios y hombre, que mi propia humanidad llegue a vivir en comunidad con la divinidad y en comunión con otros hermanos y hermanas, la razón de esa unidad íntima. Nos llama, no a un sufrimiento vacío, sino a un sufrimiento junto a la cruz en defensa de los desvalidos, con la coraza y armadura del Espíritu (Efesios 6:10-17). Esta presencia de Cristo nos hace responsables, entonces, de una vida en comunidad y moralidad recíproca.

Segundo, de nuevo vemos un punto primordial de Lutero respecto de la soteriología. Se trata de que con la presencia del cuerpo de Cristo en la Santa Cena tengo una presencia muy especial. Cristo se encuentra en el sacramento realmente por mí y para mí. Desde su suprema majestad, Dios llega para ser una presencia muy personal por mí y para mí.[124]

Carlstadt, lo mismo que Zuinglio y Oecolampadio después, refutó la afirmación de Lutero respecto de la ubicuidad de Cristo y, consecuentemente, cómo se debe entender en la Eucaristía el verbo "es". La Fórmula de Concordia recoge y refuta los argumentos de Zuinglio y de los llamados sacramentarios. El punto de Zuinglio se basa en la especulación, como señala el Artículo VIII sobre la Persona de Cristo. El argumento principal de Zuinglio fue: "Si en la Santa Cena el cuerpo de Cristo está presente simultáneamente en el cielo y en la tierra, no puede ser un cuerpo humano real y verdadero, pues tal majestad –decía– es propia de Dios solamente; al cuerpo de Cristo le falta la capacidad para ello."[125]

Lamentablemente, Lutero se entregó por un momento, como él mismo dice en su "Confesión mayor acerca de la Santa Cena", a la especulación filosófica cuando llegó a una encrucijada con la especulación de Zuinglio. En este tratado Lutero adopta la distinción escolástica de Guillermo de Occam respecto de tres modos de ser y maneras de estar presente: local (cuerpos normales en el espacio), definitiva (espíritus y ángeles no limitados al espacio), y la de repleción (el modo como Dios está presente en su omnipresencia).[126] Lutero, sin embargo, recapacita diciendo: "¿Pero cómo puede alguien explicar o concebir el modo como esto sucede?"[127] Y sobre este asunto nos aclara también: "Si la especulación es suficiente, yo también especularé".[128] Pero, lo que para Lutero estaba en juego y peligraba, era nuestra proclamación acerca de Dios por nosotros. Por eso regresó a la predicación de la persona de Cristo Jesús, verdadero hombre y verdadero Dios, para nuestra salvación.

A Zuinglio le resultó muy fácil criticar la doctrina de la ubicuidad de Lutero, por ser ésta especulativa. Zuinglio pudo discernir, correctamente, una sombra docética en la descripción de la persona, en la doctrina de la comunicación de los atributos. De este modo se expresa Thielicke muy sabiamente, al respecto: "¿Qué puede significar eso respecto de un cuerpo omnipresente, cuando la característica ontológica del cuerpo es estar limitado por el espacio?"[129] Si los atributos divinos se atribuyen así a la naturaleza humana de Cristo, aparte de las contradicciones lógicas, parece que Lutero se acerca al punto de abandonar el negativo "sin confusión" de Calcedonia. Como ya hemos hecho notar, en lo que Lutero quiere poner énfasis desde el punto de vista del relato bíblico es, que es imposible separar o mezclar las dos naturalezas para ver cómo Cristo está presente por nosotros.

Zuinglio no quiere tampoco abandonar la unidad de la persona de Cristo. Pero esto es en realidad lo que ocurre en su pensamiento al optar por el *alloeosis.* Zuinglio mantenía que cuando Cristo era el sujeto común de los predicados divinos y humanos, la unidad personal era solamente un *alloeosis*, una figura o modo de hablar. Pero con esta manera de pensar Zuinglio divide la obra de la Persona de Jesucristo. Cristo muere y sufre en calidad de hombre y hace grandes prodigios en calidad de Dios.[130] Si es así, dice Lutero, "Cristo tendrá que ser dos personas, una divina y una humana, ya que los pasajes de la pasión los refiere solamente a la humana, excluyéndolos completamente de la divina."[131] Si leemos a Lutero en este contexto, lo más importante es el evento de la salvación por nosotros. Para Lutero, si el *alloeosis* significa que solamente la humanidad sufre, entonces la realidad de la encarnación se destruye y, consecuentemente, con este hecho también se destruye toda la obra de salvación de Cristo Jesús. Es por eso que el mismo tratado lo expresa, y en la Formula de Concordia se repiten las palabras de Lutero. El *alleosis* es la "máscara del diablo", pues, para Lutero, encubre la obra redentora de Dios por nosotros.[132]

De varias formas y maneras hemos hecho los luteranos una caricatura de Calvino y los calvinistas. Veamos, pues, cuánto tenemos en común y cómo diferimos en la cristología. En sus *Instituciones de la Fe Cristiana* (2:14), podemos observar cómo Calvino afirma la fe de Calcedonia.[133] Calvino señala lo siguiente: "[Las Escrituras] expresan esta unión de las dos naturalezas que se encuentran en Cristo, que a veces se intercambian [sus atributos]. Esta manera de hablar es definida por los antiguos autores como la "comunicación de atributos" [*idiomáton koinonía*].[134]

Carl Braaten nos ofrece un resumen de los puntos claves de Calcedonia en los que estamos de acuerdo con Calvino: 1. Cristo es una sola persona en dos naturalezas. 2. En Cristo existe una comunión íntima entre las dos naturalezas en la unión personal. 3. Las dos naturalezas en Cristo existen con sus propias identidades y no se confunden (contra el monofisismo), y con todo no existen separadas como dos personas diferentes (contra el nestorianismo). 4. La naturaleza divina es impasible y la humana pasible. 5. Acorde con la unión hipostática, en Cristo existe una comunicación de atributos en su persona. De modo que Jesús poseía y usaba a la vez atributos divinos y humanos.[135]

Calvino afirmaba la comunicación real entre las dos naturalezas, mientras que Zuinglio admitía solamente una comunicación metafórica entre las dos naturalezas. En su teología, Calvino ponía énfasis, vigorosamente, en la diferencia entre las dos naturalezas en Cristo Jesús. Para Calvino era importante hacer esto a fin de preservar la integridad de la diferencia entre la naturaleza divina y la humana. Al respecto señala: "Pues si llenarlo todo de una manera invisible es parte de los dones del cuerpo glorificado [de Cristo], se puede ver muy claro que la sustancia del cuerpo se borra, y no existe ya diferencia entre la deidad y la naturaleza humana."[136]

Pero aquí existe la gran diferencia de la cristología entre las posiciones evangélicas luterana y calvinista. Calvino pone el énfasis en la majestad de Dios, y los luteranos lo ponen en el Cristo que habita entre nosotros en cruz y cuna. Y esto marca una gran diferencia en el modo como vemos la presencia de Cristo entre nosotros. Este punto de partida hace que Calvino niegue la ubicuidad del cuerpo de Cristo.[137] Esto implica que solamente estamos unidos con la majestad de Cristo en el espíritu de una manera descarnada y no encarnada. Para Calvino, disfrutamos de la presencia de Cristo en la Santa Cena no porque Cristo desciende a nosotros, sino porque nosotros somos "elevados" a su presencia.[138] Entonces, para Calvino, estamos en presencia de un profundo misterio en el que encontramos, allí en la majestad de Cristo, comunidad con él en el Espíritu.

Las Sagradas Escrituras afirman, como Calvino, que nuestra comunidad en Cristo está formada y mantenida en el Espíritu (Gálatas 3:26). Pero en el Espíritu estamos revestidos de la presencia de Cristo con y entre nosotros, vivimos atados a su muerte y resurrección (Romanos 6:1-4; Gálatas 3:27; Efesios 4:11-22). Esta presencia se ve palpable y real cuando compartimos con otros el mismo pan y vino, que es participación en el verdadero cuerpo y sangre de Cristo (1 Corintios 10:14-17.) Para Lutero, esta presencia humana real de Cristo en la Santa Cena, demuestra su presencia para nosotros de una manera única. Estamos atados recíprocamente en comunidad, al caminar con Jesús, en su muerte y resurrección. Cristo es centro y poder de nuestra comunidad cristiana, porque vivimos en la realidad de la agonía y de las cruces de nuestros hermanos y hermanas, y del mundo que Cristo quiere redimir y liberar de su esclavitud e índole humana.[139] De aquí procede la más clara expresión de la cristología católica evangélica. De aquí nace también la teología de la cruz de Lutero y el discipulado de la cruz. No hay resurrección sin cruz. No hay majestad de Dios si no se encuentra arraigada y completamente encarnada en nuestra realidad humana en beneficio de nosotros.

PREGUNTAS PARA REFLEXIÓN

1. ¿Cómo afirman las Confesiones Luteranas a Calcedonia?
2. ¿Cómo afirma Lutero a Calcedonia? ¿Cuál es su principal punto de partida para afirmar a Calcedonia?
3. ¿Qué quiere preservar y mantener Zuinglio en su posición acerca de Calcedonia? Comente porqué Lutero no comparte ese punto de vista.
4. ¿Cuál es la posición de Calvino concerniente al Credo de Calcedonia? ¿Qué piensa usted sobre su posición?
5. ¿Qué es el llamado *extra-calvinisticum?* ¿Cómo existe Jesucristo de acuerdo a este punto de vista de Calvino?
6. ¿Cuáles son los puntos divergentes de Calvino y Lutero en relación a la cristología? ¿Cómo impactan estos dos diferentes puntos de vista a nuestra proclamación de Cristo Jesús en nuestras comunidades hispanas?

CAPÍTULO ONCE

LA CONFESIÓN DE CRISTO JESÚS EN LAS CONFESIONES LUTERANAS

LA FÓRMULA DE CONCORDIA

En el Artículo VII, la Fórmula de Concordia sistematiza la doctrina del intercambio de atributos en tres géneros, sosteniendo que eran apoyados por las Sagradas Escrituras. Estos géneros son: 1. *Genus Idiomaticum* (género de la comunicación de atributos). Las propiedades o atributos de cada naturaleza son atribuidos a la persona íntegra de Cristo Jesús.[140] 2. *Genus apotelesmaticum* (género de las obras de la persona). Respecto del oficio de Cristo: "La persona actúa y opera, no en, con, mediante o según una naturaleza sola, sino en, según, con y mediante ambas naturalezas.[141] 3. *Genus majestaticum* (género de la majestad). "[La] naturaleza humana en Cristo, a causa y por el hecho de haber sido unida personalmente con la naturaleza divina de Cristo, y glorificada y exaltada a la diestra de la majestad y el poder de Dios una vez depuestos su forma de siervo y su estado de humillación, recibió también ciertas prerrogativas y excelencias adicionales, y que sobrepasaban sus propiedades naturales, esenciales y permanentes."[142]

Este tercer género llega a ser la marca indeleble de la cristología dogmática luterana. En realidad, este punto no se encuentra formulado en la fe de Calcedonia. Para los calvinistas, esto era regresar al monofisismo. Pero para los católicos evangélicos no es regresar a la lógica del monofisismo. Es mantener la unidad de la persona en la obra soteriológica de Cristo por nosotros. Para los luteranos, la realidad del Cristo glorificado necesitaba que lo finito fuese capaz de lo infinito (*finitus est capax infiniti*). Los calvinistas insistieron en la lógica de Nestorio. Si el Verbo (el *Logos*) es divino, entonces no puede ser limitado por la carne de Jesús. Desde este punto de vista, los calvinistas enseñaban que el Verbo, siendo eterno e infinito, tiene que existir *extra carnem* (fuera de su carne), y no puede estar limitado por su unión con la carne. Como afirma el Catecismo de Heidelberg: "Ya que la divinidad se encuentra presente en todas partes, esto implica que se encuentra fuera (aparte) de su humanidad adoptada, y a la vez continúa con una unión personal con ella." Los luteranos se refieren a esta posición como el *extra-calvinisticum*. Para los luteranos esto indica una teología en que el Verbo, el *Logos* encarnado, tiene una relación muy precaria, floja y débil con Jesús de Nazaret. La respuesta a esta posición, expuesta por los católicos evangélicos, es la proclamación de la teología de la cruz. Para los dogmáticos luteranos, entonces, Cristo se encuentra siempre "*totus intra carnem*" y "*nunquam extra carnem*" (completamente en la carne y nunca fuera de la carne).[143]

El problema cristológico que dividió a los calvinistas y luteranos se esparció también entre los luteranos. El Artículo VIII de la Fórmula trata de reconciliar también estos campos, pero en realidad no resolvió todas las disputas. Éstas se esparcen al siglo 17 entre los teólogos luteranos de Giessen y Tübingen.

A mi modo de ver, y siguiendo aquí a Felipe Melanchton, es absurdo tratar de definir minuciosamente la química de la encarnación. Lo importante es afirmar que Cristo Jesús, nuestro Dios hombre, el Dios crucificado, vive por nosotros y entre nosotros. Las dos naturalezas en la persona de Cristo Jesús son lo esencial para nuestra fe y salvación. Cualquier fórmula que limite al Dios que camina con nosotros en el centro de nuestra historia al encarnarse en la persona de Jesús de Nazaret, limita el vigor de la redención de Cristo. Esto es primordial para nuestro testimonio de Cristo en Hispanoamérica y en nuestras comunidades hispanas-latinas en los EE.UU. de N.A.

FORMULACIONES LUTERANAS EN EL SIGLO 19

Dentro del ámbito confesional luterano surgieron varios retos relacionados con la afirmación de Cristo Jesús, Dios y hombre por nosotros. Gottfried Thomasius añadió a su reflexión cristológica un cuarto género respecto a la comunicación de los atributos. Lo bautizó con el nombre de *genus tapeinoticum*. En griego, *tapeino* significa la "humildad" de Cristo.[144] Thomasius ofreció con este género una nueva perspectiva respecto del *communicatio idiomaticum*.

En su lectura del "despojo", o *kenosis*, de Cristo en Filipenses

2:6-7, Thomasius veía implícitamente la relación del *genus idiomaticum* de una nueva manera fiel a las Escrituras. Si los atributos divinos son comunicados a la naturaleza humana, entonces, ¿por qué no se pueden comunicar los atributos humanos a la naturaleza divina? Thomasius mantenía que si lo finito es capaz de lo infinito, invertirlo, entonces, debe ser también apropiado, esto es, que lo infinito es capaz de lo finito.[145]

Como consecuencia de su posición, Thomasius afirmó que el Verbo, el Logos Divino, se limitó a sí mismo en sus propiedades divinas, tales como la omnipotencia, la omnipresencia y la omnisciencia. Jesús retuvo solamente aquellos atributos personales que lo identificarían como Dios. Éstos son su amor, santidad e integridad absoluta. Su libertad divina y amor incondicional le posibilitó limitar su divinidad en el estado de humillación durante su ministerio terrenal.

La posición de Thomasius tiene sentido en afirmar que Cristo se limita a nuestra circunstancia e historia en el estado de humillación. Con todo, existen dos problemas asociados con su posición respecto a la soteriología. Primero, la divinidad de Cristo está limitada a la obra de la redención. Cristo Jesús es el Dios crucificado entre nosotros. Jesús entiende nuestra circunstancia y problemas humanos al vivirlos como Dios y hombre. Al separar la divinidad de la humanidad, se separa la presencia de Dios encarnado en nuestra realidad. De nuevo se ve solamente un hombre, pero no a Dios entre los hombres. Esto lleva, en cierta forma, al nestorianismo. Además, limitar a Dios en su omnipresencia en la humanidad, puede llevar a la lógica calvinista del *extra carnem*. Se puede inferir que si la omnipresencia de Cristo vive aparte de él en su humillación, también lo puede hacer en el estado de exaltación. En realidad, lo que importa es preservar el misterio. Éste señala a Dios, presente entre nosotros. La presencia divina vive en su humanidad por nosotros. No podemos apartar la majestad de Dios de su encarnación. Las dos tienen que vivir en un diálogo eterno, para entender la vida de la cruz y el discipulado de la cruz.

Una cristología de *kenosis* que afirma solamente la conciencia perfecta del hombre Jesucristo, puede conducir a una posición antropológica absoluta respecto de la cristología. Tal fue el caso del teólogo luterano Franz Hermann Reinhold von Frank. Frank insistía en que la persona de Jesús está despojada de la conciencia divina. Consecuentemente, se llega, con esta posición de Frank, a un adopcionismo, ya que la conciencia humana de Jesucristo evoluciona hasta reconocer su identidad como el Hijo de Dios.[146] En la teología de Friedrich Schleiermacher vemos esa manera de pensar, que expresa que Jesús es un mero hombre con conciencia absoluta de vivir bajo la dependencia de Dios. Pero el punto más importante es destacar, como señala Carl Braaten, que con esta forma de pensar, "Dios tiene que vivir ausente para poder encarnar".[147] Y la pregunta en la vida de nuestro pueblo hispano es: ¿Dónde se encuentra nuestro Dios en nuestra angustia y sufrimiento? Nuestra respuesta es: Nuestro Dios se encuentra en nuestra comunidad, crucificado en solidaridad por nosotros.

PREGUNTAS PARA REFLEXIÓN

1. ¿Cuáles son los tres géneros afirmados por la Fórmula de Concordia? Dialogue sobre la función de cada género en relación a la persona de Jesucristo. ¿Qué es lo más importante que podemos aprender de estas relaciones para nuestra proclamación del evangelio? ¿De qué tenemos que estar conscientes para no limitar la predicación de Cristo Jesús en nuestras comunidades hispano-latinas?
2. ¿Cuál género llega a ser la marca indeleble de la cristología luterana? Dialogue cómo impacta este énfasis la proclamación de Cristo en nuestro pueblo hispano?
3. ¿Cuál es el problema de la *kenosis*? ¿Cómo impacta la perspectiva de la *kenosis* a nuestra proclamación de Cristo Jesús en nuestras comunidades latinas?

CAPÍTULO DOCE

LA HUMILLACIÓN Y LA EXALTACIÓN DE CRISTO EN LA FE CATÓLICA EVANGÉLICA

En la época de la Reforma, los teólogos luteranos ofrecieron testimonio de la obra de Jesucristo, hablando con énfasis respecto a su humillación y exaltación. Bonhoeffer nos ofrece, de una manera sucinta, el papel desempeñado por estas dos etapas en la vida de Jesucristo: "Cuando hablamos de la humillación y exaltación, no lo hacemos en cuanto a sus naturalezas divina y humana, sino que hablamos con el énfasis puesto en su modo de existencia como ser humano. No damos razón de cada una de sus naturalezas como Dios o como hombre. Nos importan los modos de existencia del que se hizo hombre. La humillación no significa que el Verbo encarnado es más humano que divino, que su estado como Dios disminuye. La exaltación tampoco significa que él es más Dios que hombre. En su humillación y exaltación, Cristo Jesús sigue siendo completamente Dios y completamente hombre."[148] No podemos dividir la humanidad y la divinidad en la obra de Cristo por nosotros.

Al hablar de la humillación de Cristo, Bonhoeffer señala que la pregunta principal no es: "¿Cómo puede Dios ser el hombre humillado?", sino que tiene que ser: "¿Quién es el humillado Dios-hombre?"[149] En otras palabras, Bonhoeffer representa aquí la visión clásica de la dogmática luterana, de diferenciar entre la encarnación y la humillación. Es importante diferenciarlo, ya que el Dios encarnado está también presente en su estado de exaltación.

La humillación es uno de los modos importantes de existir del Dios encarnado. El Dios hecho hombre es el Dios-hombre humillado, de la cuna a la cruz, por nosotros. ¿Cómo expresamos entonces la humillación de Cristo en nuestro testimonio? La humillación coloca a Jesús al nivel de la creación caída en el pecado. Aquí entra el Redentor en nuestro mundo de pecado y muerte. Entra de una manera en la que solamente podemos reconocer la presencia de su divinidad en su debilidad y dolor. Es así como toma Jesús de Nazaret nuestro lugar, nuestro mestizaje. Cristo Jesús ocupa su lugar como pobre entre los pobres, como un moribundo entre moribundos, y como pecador entre pecadores. Así es como se acerca a nosotros en solidaridad y comunidad. Jesús hace notoria su presencia en todas nuestras dimensiones humanas.

Pero Jesús lo hace sin pecado. Aquí yace la dificultad mayor de la cristología. Si es así, ¿cómo pudo tomar nuestro lugar? Y aquí llega el testimonio y el milagro de la humillación. Su carne es completamente semejante a nuestra carne (Hebreos 2:14; 4:14-16; 5:7-10). Su carne es como la propia carne nuestra propensa a la tentación, al sufrimiento, al pecado. Jesús tomó nuestra condenación bajo la ley, bajo Dios Padre, bajo el pecado y la discordia humana (Mateo 5:17). Pero el gran escándalo y milagro de la humillación es que lo hizo porque era y es el verdadero Dios, el Hijo de Dios. Aquí radica el poder de su obra en la humillación. Ofrece su presencia en reconciliación, en amor y comunidad, a todos nosotros. Su humillación es marca del Cristo *pro nobis*, Cristo Jesús que toma nuestro lugar en el centro de nuestra fragilidad y humanidad.

El Credo Apostólico se expresa con énfasis respecto de esta realidad de la humillación de Cristo Jesús entre nosotros. La Confesión de Augsburgo, Artículo III, sobre el Hijo de Dios, afirma también este hecho de la vida de Cristo. Afirmamos su humillación al confesar "que nació de la virgen María, padeció bajo el poder de Poncio Pilato; fue crucificado, muerto y sepultado".[150] La Confesión de Augsburgo da testimonio del porqué de esa humillación: "Cristo verdaderamente padeció y fue crucificado, muerto y sepultado para *reconciliarnos* con nuestro Padre."[151]

En el estado de exaltación de Cristo vemos también el modo de existir en su obra por nosotros. Aquí se ve al Dios exaltado por motivo de su humillación (Filipenses 2:5-11). La Confesión de Augsburgo define el estado de exaltación de esta manera: "El mismo Cristo descendió al infierno, al tercer día resucitó verdaderamente de los muertos, ascendió al cielo y está sentado a la diestra de Dios, a fin de reinar eternamente y tener dominio sobre todas las criaturas; y a fin de santificar, purificar, fortalecer y consolar mediante el Espíritu Santo a todos los que en él creen."[152]

Para nuestra fe evangélica, es importante la proclamación de la humillación y la exaltación en continuidad. Las dos son proclamación del evento de la redención nuestra en Cristo Jesús. No existe humillación sin exaltación o exaltación sin humillación. Eso se evidencia en la confesión del Credo. La exaltación señala que se encuentra presente entre nosotros el que tomó nuestro lugar como pecador; señala que Cristo Jesús es nuestro rey exaltado. Él venció los poderes malignos y continúa viviendo con nosotros la realidad de la condición humana para renovarnos, consolarnos, y fortalecernos en esta vida.

El descenso de Cristo a los infiernos marca en nuestro testimonio que los poderes, principados y potestades han sido vencidos por Cristo. La resurrección señala que nuestra muerte no es en vano, que vivimos en la misma esperanza de que los poderes del pecado y de la oscuridad no puedan prevalecer contra nosotros. La ascensión del Hijo a la diestra del Padre todopoderoso no sugiere que se encuentre apartado de nuestra situación humana. Señala que el reino de Dios se encuentra presente en renovación y en esperanza para el futuro. Ya hemos tocado este tema con relación a Zuinglio y al impacto importante de la teología de la cruz y del discipulado de la cruz. La exaltación de Jesús señala que nuestra condición humana no es en vano y que Cristo, el Dios crucificado, pero ya glorificado, obra y vive entre nosotros y no nos abandona.

Lutero, comentando sobre la relación entre el Padre y el Hijo en su estado de exaltación, da testimonio respecto de la realidad de Cristo en nuestras vidas de este tiempo presente. Comentando sobre el Salmo 2:5 en sus *Operationes in Psalmos*, señala el Reformador: "Pues Cristo es nuestro monte Moria, pues Dios no mira a nadie ni reconoce a nadie a menos que sea ofrendado o edificado en este lugar, que es sobre Cristo y en Cristo, pues los ojos de Dios se encuentran solamente en este lugar. Consecuentemente, él es llamado la montaña donde Dios mirará para siempre."[153]

Es evidente que en esta visión Lutero tiene presente el drama de Génesis 22, en el que a Abraham le fue suministrado un carnero como sacrificio en lugar de su hijo Isaac. Este drama ofrece una apertura a la realidad de que Dios llega a nuestra circunstancia para cargar con nuestra muerte, nuestra fragilidad humana, y crear una comunidad con nosotros. Lutero identifica el monte Moria con

Gólgota. Es allí donde se ve el punto culminante de la humillación de Dios por nosotros. Pero en la visión de Lutero, en esa montaña de humillación es donde encontramos al Cristo glorificado. Dios mira y se acerca hoy a nosotros por medio del Cristo exaltado. Pero lo hace teniendo en cuenta la humillación, el caminar de Jesús junto a nosotros. La exaltación le ofrece a Dios el Padre la mira de Cristo de identificarse con nosotros, pero también la promesa de una vida nueva en la resurrección. Por eso no podemos separar estas dos etapas en la obra de Cristo Jesús.

PREGUNTAS PARA REFLEXIÓN

1. De acuerdo a Bonhoeffer, ¿qué es importante mantener en perspectiva en nuestra proclamación de la humillación y la exaltación de Jesucristo?
2. ¿Cómo impacta nuestro discernimiento de la humillación de Jesucristo en nuestra proclamación de su obra por nosotros?
3. ¿Cómo impacta nuestro discernimiento de la exaltación de Jesucristo en nuestra proclamación de su obra por nosotros?

CAPÍTULO TRECE

LOS OFICIOS DE CRISTO: PROFETA, SACERDOTE Y REY

Los oficios de Cristo pertenecen al estudio clásico de la cristología, en que se relaciona su persona con su obra.[154] Cuando hacemos referencia a los oficios, hacemos referencia a lo que Cristo hizo y todavía sigue haciendo por nuestra salvación. De modo que nos referimos aquí a lo que Cristo Jesús hizo en su estado de humillación y continúa haciendo en su estado de exaltación.

En las Sagradas Escrituras podemos hallar referencias del porqué de la obra de Cristo Jesús en sus tres oficios. Franz Pieper señala los temas afirmados por la teología clásica luterana referente a los tres oficios. Dios se hizo carne: a) para predicar a los pobres (Lc 4:18; Jn 1:18; Heb 1:1; Lc 13:33); b) para reconciliar al mundo con Dios (2Co 5:19; Mt 20:28; Ro 5:10; 1Jn 2:2); y c) para gobernar la iglesia y todo el universo (Lc 1:33; Ef 1:22; Jn 18:33-37).[155]

Los oficios relacionan íntimamente a la persona de Cristo con las Escrituras Hebreas. En los manuscritos descubiertos en las cuevas de Qumran se puede distinguir claramente cómo estos tres oficios pertenecen a las figuras mesiánicas.[156] El Antiguo Testamento marca estos tres oficios, señalando de manera profética cómo los tres modos de la figura mesiánica obran la voluntad de Dios. Se pueden ver claramente los oficios de Profeta (Dt 18:15-19); de Rey, Profeta y Sacerdote (Sal 110); de Rey (Sal 2:1-2). Existen, claro, ciertas diferencias entre los oficios según figuran en el Antiguo Testamento y cómo Cristo Jesús los ejerce. Las figuras mesiánicas del Antiguo Testamento como Moisés, Isaías, y David, entre otros, solamente podían ejercer un oficio. Cristo Jesús ejerce todos los oficios a la vez. Completa y transciende al mismo tiempo esos oficios conferidos en el Antiguo Testamento, lo cual es muy evidente en su obra sacerdotal (Heb 10:1-13).

Los tres oficios nos ayudan a afirmar de una manera concreta cómo el Verbo, el propio Dios, habitó entre nosotros lleno de gracia y de verdad (Jn 1:14). Sus tres oficios nos ayudan a proclamar y vivir dando testimonio de Cristo como centro y poder de nuestra comunidad cristiana.

EL OFICIO DE PROFETA

El mensaje de Cristo es de suma importancia en su obra profética. Decididamente, se lo oye al comienzo de su ministerio, identificándose en la sinagoga con el mensaje profético de Isaías (Is 61:1-2): "El Espíritu del Señor está sobre mí, por cuanto me ha ungido para anunciar buenas nuevas a los pobres. Me ha enviado a proclamar libertad a los cautivos y dar vista a los ciegos, a poner en libertad a los oprimidos, a pregonar el año del favor del Señor" (Lc 4:18-19).

Pero si observamos la obra profética de Cristo, vemos que es diferente de la de Isaías. Jesús habla respecto del Padre y del Espíritu Santo. Pero no habla como Isaías o como los otros profetas hablaban por inspiración de Dios. Los profetas siempre califican sus palabras con: "Así dice el SEÑOR." Pero como vemos en Lucas, y en los relatos de los Evangelios, Cristo habla con su propia autoridad. Así lo vemos hablar con esa autoridad propia, al proclamar las palabras de Isaías en la sinagoga: "Hoy se cumple esta Escritura en presencia de ustedes." A la vez, Cristo Jesús, como el Verbo encarnado, habla como la palabra de Dios, el *Logos* encarnado. Su palabra es activa y brinda más que un mensaje pasivo. Ofrece en su ministerio la presencia de Dios en su reino (Lucas 17:21). Claramente nos señala Mateo que Cristo es más que profeta y que rompe con la obra profética: "Porque les aseguro que muchos profetas y otros justos anhelaron ver lo que ustedes ven, pero no lo vieron; y oír lo que ustedes oyen, pero no lo oyeron" (Mt 13:17).

Cristo habla con su propia autoridad y conocimiento divino, por ser Dios encarnado. Juan el Bautista distingue así la obra profética de Cristo de la obra de otros profetas. Ellos hablan desde un contexto terrenal. Cristo habla del seno del Padre en el centro de nuestra realidad humana (Juan 3:31-32).

¿En qué consiste la obra profética de Cristo? Decididamente, tiene que ver con su mensaje de salvación integral para nosotros. Cristo Jesús es el que habitó entre nosotros para anunciar su evangelio a los pobres, para proclamar libertad, y liberar a los oprimidos. Este mensaje comienza con el ofrecimiento de servicio de Jesús al mundo, y culmina con su redención y liberación de nuestro pecado (Marcos 10:45; Mateo 20:28). La realidad del reino de Dios se hace presente en la persona de Cristo Jesús (Mateo 4:17).

Uno de los problemas de la cristología del protestantismo liberal, como el de Harnack, fue separar la persona y obra de Jesús de su mensaje. Consecuentemente, con esta manera de pensar, Cristo Jesús queda limitado a su obra profética y no la puede completar y superar con el misterio de su obra y persona.[157] En la cristología no podemos separar la persona de su obra. Melanchton no separa la soteriología de la persona de Cristo cuando se refiere a "que conocer a Cristo es conocer su obra". Veamos la diferencia que presenta esta perspectiva en relación con la realidad que Cristo Jesús es centro y poder de nuestra comunidad cristiana.

No cabe duda que en su obra profética los profetas quedan marcados por sus mensajes. Son poco estimados por ser considerados extranjeros, seres peligrosos y un poco locos. Los profetas vivieron al margen de la sociedad por plantarse frente a ella en el nombre de Dios. Jesús conoce muy bien el destino de los profetas. Son perseguidos, apedreados y asesinados (Mateo 5:12; 23:29-30, 37). Pero si fuera ésta la obra completa de Jesús como profeta, su vida no tendría sentido en nuestra realidad actual y en nuestras comunidades hispanas.

Jon Sobrino señala en su obra *Jesús, el liberador*, que explicar la muerte de Jesús como profeta llega a mostrar el porqué de su muerte; pero en realidad no explica el significado de ésta. La pregunta que tenemos que hacer entonces, señala Sobrino, no es: "¿Por qué murió un profeta?" sino: "¿Por qué muere el Mesías, el Hijo de Dios?"[158]

Ya hemos hecho referencia a cómo Cristo Jesús tomó nuestro lugar como el Verbo hecho carne para nuestra salvación. Su muerte no fue la de un mero profeta, sino la del propio Dios que vivió con nosotros su amor, su perdón y su presencia, para llamarnos a ser nueva creación y pueblo de Dios. Cristo no es simplemente la antítesis del mundo por traernos la palabra de Dios, ya que: "En Cristo, Dios estaba reconciliando al mundo consigo mismo" (2Co 5:19). Cristo no sólo da a conocer la paz de Dios en el mundo, sino que él mismo "es nuestra paz" (Ef 2:14), y así crea comunidad entre nosotros. Muere para reconciliarnos con Dios y toda la humanidad. Así vivió su obra profética nuestro Redentor en su estado de humillación. Pero la obra profética de Cristo pertenece también a su estado de exaltación.

El oficio de profeta pertenece hoy a su iglesia, y es la obra de todos los que hemos sido bautizados en el nombre de Cristo Jesús. Jesús nos ha dado hoy ese mensaje de reconciliación. Cristo vive ahora en nosotros ese mensaje de reconciliación: "Así que somos embajadores de Cristo, como si Dios los exhortara a ustedes por medio de nosotros: 'En nombre de Cristo les rogamos que se reconcilien con Dios'" (2Co 5:20). Todos los cristianos somos, así, instrumentos de la obra profética de Cristo. Así somos también instrumentos de su misión: "Como el Padre me envió a mí" –nos exhorta Jesús–, "así yo los envío a ustedes" (Jn 20:21). De modo que Cristo se encuentra presente en nuestra proclamación del evangelio como palabra de reconciliación y como la voz viva del evangelio. No proclamamos un mero mensaje, sino que proclamamos a Cristo que vive y camina entre nosotros. Éste es el sentido de la libertad cristiana que Lutero proclama.[159] Somos libres al vivir el perdón de Cristo, pero muy importante también es vivir con otros, en todas sus dimensiones humanas, la presencia de Cristo. Él es nuestro Salvador que nos redime de nuestros pecados y nos acompaña con su evangelio en nuestras comunidades y en todo el mundo. Seremos considerados extranjeros, extraños, pero no nos acompaña una palabra de muerte, sino una de vida. Podemos enfrentar hasta a la muerte, en el nombre de Cristo, pero no somos meros profetas, sino verdaderos embajadores de Cristo en su obra profética. De modo que nuestra obra profética en Cristo está centrada en su muerte y resurrección. En esta identificación con la obra de Cristo, debemos tener presente que la verdad de su palabra queda proclamada no solamente por meras palabras. Cristo Jesús se encuentra presente en la realidad de su encarnación entre nosotros. Se encuentra presente creando comunidad en nuestra vida de servicio al mundo. Somos embajadores de su reconciliación. La iglesia y el real sacerdocio de todos los santos, es responsable de vivir en el discipulado de la cruz la obra profética de nuestro Redentor (1 Pedro 2:4-12). Como vemos, también su obra profética siempre está ligada de manera íntima a su oficio de sacerdote.

EL OFICIO DE SACERDOTE

En su oficio sacerdotal vemos el hecho de que Cristo obra en favor de la humanidad. Transitando este camino de solidaridad, él toma sobre sí, como nuestro mediador, las presiones de nuestra culpa, nuestra historia, nuestra cautividad, y nuestra limitación humana. Él es nuestro abogado, y en calidad de tal se encuentra frente a Dios y nuestra condición humana. Pero lo hace en su manera única, como el Dios encarnado por nosotros.

En su oficio de sacerdote, Cristo Jesús transciende también el oficio sacerdotal del Antiguo Testamento. En las Escrituras Hebreas el sacerdote era una persona que se paraba frente a Dios como siervo o ministro. Su función principal era la de asegurar, mantener y restablecer constantemente la santidad del pueblo elegido de Dios (Éxodo 28:38; Levítico 10:17; Números 18:1). Vemos que el papel especial de la tribu de Leví, como sacerdotes escogidos por Dios, era uno de mediadores entre Dios y los hombres (Malaquías 2:4ss; Números 18:19; Jeremías 33:20-26). Pero el sacerdocio de Jesús transciende el oficio sacerdotal del Antiguo Testamento. Veamos las diferencias:

1. El sacerdocio de Jesús es semejante al de Melquisedec (Hebreos 7). Siendo Jesús de la tribu de Judá, no tenía el derecho de ser sacerdote. No obstante, por su persona y diferente función, no era sacerdote por título sino por su obra en perfecta comunión con su Padre. El nombre Melquisedec significa "rey de justicia" o "rey de paz". Así, el real sacerdocio de Cristo transciende el sacerdocio levítico. Su sacerdocio se realiza en su mediación por nosotros como representante de la justicia y de la paz de Dios Padre.

2. Cristo es víctima al igual que sacerdote (Hebreos 7:27; 9:14). Su sacerdocio se manifiesta con la presencia de Dios entre nosotros para reconciliarnos. Implica un gran costo y demuestra el gran amor de Dios de convivir con nosotros. Consecuentemente, su obra sacerdotal demuestra una gran solidaridad con nosotros, y nuestra condición humana le inspira una genuina simpatía (Hebreos 4:15-16).

3. Jesucristo es un "sacerdote... santo, sin mancha" (Hebreos 7:27-28; 10:11-12). En el Antiguo Testamento, los sumos sacerdotes

tenían que ofrecer sacrificios por sí mismos y por otros. Cristo se ofrece como verdad activa y genuina de Dios. Su santidad se demuestra en verdadera sumisión a la voluntad de Dios para nuestra reconciliación.

4. El sacerdocio de Jesucristo es "una sola vez y para siempre" (Hebreos 7:27). La reconciliación de Cristo es total, completa y para siempre (Hebreos 9:26). No existe otro sacerdote o mediador aparte de él.

5. Con su sacrificio, Cristo Jesús rasga las cortinas del santuario del templo, lográndonos así acceso directo a Dios con su ofrecimiento de reconciliación (Mateo 27:51; Hebreos 9:8-15).

EL SACERDOCIO DE CRISTO EN SU HUMILLACIÓN

Los teólogos luteranos tradicionalmente hacen referencia a la obra sacerdotal de Cristo en su obediencia activa y pasiva en su estado de humillación. Su obediencia activa se muestra en que Jesús toma voluntariamente nuestro lugar (Juan 17:19). Jesús cumple obedientemente la voluntad del Padre para hacerse cargo de nuestra desobediencia (Romanos 5:12-20). Cristo se ofreció como sacerdote de una manera activa al ofrecer su vida sin mancha, por nosotros (Hebreos 7:26; 9:14). Su obediencia pasiva está marcada por su sufrimiento y su entrega a la voluntad del Padre (Efesios 5:2). Su obra como Redentor incluye ser sacerdote y víctima a la vez.

IMÁGENES Y MODELOS SOTERIOLÓGICOS. LA EXPIACIÓN VICARIA

Es imprescindible reflexionar sobre diferentes modelos soteriológicos con respecto a la cristología. Estos modelos nos ayudan a ver, desde diferentes perspectivas, el oficio sacerdotal de Cristo. Queremos afirmar esos modelos que nos ayudan a proclamar fielmente al Dios encarnado entre nosotros, a la luz de las Sagradas Escrituras.

En el contexto bíblico vemos que Jesús transciende la función sacerdotal al ser "el Cordero de Dios, que quita el pecado del mundo" (Juan 1:29; 1 Corintios 5:6-7). El modelo bíblico donde Jesús es la víctima pascual, nos ofrece tres imágenes importantes.

Primera: al ser comparada la muerte de Jesús con la muerte del cordero pascual, vemos cómo la muerte de Jesús nos protege contra todo lo destructivo y malo que nos separa del amor de Dios y de su presencia entre nosotros (Romanos 8:35). Es el Dios que camina junto a nosotros frente a las amenazas que enfrentamos como pueblo suyo.

Segunda: el sacrificio de Cristo cumple una función expiatoria. La satisfacción vicaria logra la redención como pago a la justicia de Dios. Este modelo ofrece un Dios preocupado por nuestra falta de comunión y solidaridad con él. Su obra de expiación indica su deseo de ser nuestro Dios y renovarnos con su ofrecimiento de derramar su sangre (Isaías 53; Hebreos 9:22). Nuestro Dios quiere estar en solidaridad y comunión con nosotros. Anselmo nos presenta puntos importantes respecto de esta necesidad. En su obra *Cur Deus homo* (¿Por qué Dios se hizo hombre?), fue el primero en interpretar la doctrina de la redención de una manera lógica y sólida. Ofreció en esta obra el modelo bíblico de Jesucristo como el pago por nuestros pecados. Anselmo desacredita, en su explicación sobre la expiación vicaria, el modelo de "rescate" del diablo. Orígenes fue el que popularizó esta teoría del rescate. Para Orígenes, Cristo nos compró con su sangre de los derechos del diablo sobre la raza humana. Satanás nos compró con el "dinero" de violencia, robo, envidia, falsos testimonios y, en fin, por medio de muchas maldades. Somos, según Orígenes, esclavos del diablo. Cristo Jesús, entonces, con un precio mayor, su preciosa sangre, nos compró de aquél que nos estafó con el precio barato de nuestros pecados.[160] Gregorio de Niza también enseñaba que el rescate de Jesús fue pagado al diablo.[161] Y Agustín también hace referencia en sus obras, a que la muerte de Jesús tiene que ver con la paga y derrota del diablo.[162]

Para Anselmo, la pregunta esencial fue: ¿Por qué razón o necesidad Dios se hizo hombre y, según creemos, restauró la vida al mundo por medio de su muerte...?[163] De esta manera comienza Anselmo a explicar la razón de porqué Cristo tomó nuestra humanidad. Anselmo no hace referencia a las Sagradas Escrituras en su explicación, aunque podemos notar que está basada en éstas. Lo más importante en la explicación de Anselmo es señalar que el sacrificio de Cristo y su redención, es un acto hecho con relación a Dios y no para un ser humano o el diablo. De aquí procede su importancia para nuestra reflexión soteriológica. Con todo, tenemos que entender que la imagen que presenta Anselmo respecto de la redención, está esquematizada según el feudalismo germánico de la sociedad medieval. Para él, el pecado consistía en no darle el debido honor a Dios. De esta manera describe Anselmo el problema: "Una persona que no rinde a Dios el honor que se le debe, le arrebata lo que se merece y lo deshonra. Así se comete el pecado. Mientras la persona no pague por lo que ha arrebatado, sigue siendo culpable. Y no es suficiente con sólo devolver lo que se tomó indebidamente. Debido al insulto cometido, la persona tiene que restituir más de lo que arrebató indebidamente."[164]

En el contexto de la sociedad feudal, era necesario reparar el daño o injuria provocado a una persona. La injuria que había que reparar tenía que estar en relación con la persona injuriada. Por lo tanto, una injuria contra Dios era de gran consecuencia. De modo que, al ofender el género humano el honor de Dios, su deuda llega a ser impagable, ya que es infinita y se debe a Dios.

Anselmo procede entonces a destacar la misericordia divina, y que por medio de ella Dios remite nuestros pecados. Para Anselmo, esa acción no es muy probable, ya que "no es propio de Dios que haga algo injusto o fuera de su orden".[165] Lo lógico es –para Anselmo–, que si hubo injuria contra Dios es necesario castigar a los seres humanos u ofrecer alguna clase de satisfacción (pago), para restablecer el orden de Dios. Si Dios hubiera castigado a la humanidad, su propósito de restablecer el orden creador se habría frustrado. De acuerdo a su argumento, entonces, Dios tiene que tomar nuestro lugar como pago. Pero no fue Dios el que causó la injuria, sino el ser humano es el que está obligado. Es por eso que Anselmo llega a esta conclusión: "Si solamente Dios puede hacer esta obra de satisfacción, y es solamente el ser humano quien está obligado a hacer el pago, entonces es necesario que un Dios-hombre haga el pago."[166] Tomemos, entonces, algunos apuntes que destacan varios aspectos positivos y negativos respecto de la reflexión soteriológica de Anselmo. Entre los aspectos positivos, vemos que nuestro Dios no es un Dios apático ni ausente respecto de sus criaturas. Dios sufre nuestro dolor. Dios toma la inmensidad del pecado dentro de sí mismo. Dios es, así, el objeto de la salvación. La salvación toma un aspecto bíblico, donde es Dios quien está reconciliando al mundo consigo mismo. En esto se ven imágenes del amor de Dios por nosotros. Pero esta figura presenta ciertos límites a la cristología bíblica.

Como aspecto negativo, vemos que la cristología de Anselmo queda limitada a la muerte de Cristo. La encarnación es solamente un instrumento lógico de su expiación. No es un medio por el que Cristo Jesús, como Dios-hombre, vive nuestra realidad humana y nos acompaña para redimirnos y reconciliarnos. En otras palabras, Anselmo señala cómo Dios, en el nombre de Dios, viene a ser el objeto de la expiación vicaria. Pero Cristo Jesús se ofrece a sí mismo también como sujeto a la humanidad en el nombre de Dios, y como sacrificio de Dios (Juan 3:16; Romanos 5:6-8; Romanos 8:32; 1 Juan 4:9). Éste es un tema esencial en la temática de Lutero respecto de la salvación.[167] Para Lutero, la obra de salvación no es meramente hecha para Dios, sino que es hecha por Dios.

Anselmo resaltó también, primordialmente, un Dios justiciero y una visión jurídica en su entendimiento de la muerte de Jesús. Pero al poner énfasis en este tema, opacó en cierta manera el tema de la gracia de Dios en nuestro favor. Es en la época de la Reforma que Lutero mantiene la visión de la expiación vicaria, pero poniéndole más énfasis a la misericordia de Dios en Cristo por nosotros. Lutero destaca aún más la gracia de Dios en nuestro favor, que la justicia de Dios. No es que deje a un lado la justicia de Dios, sino que pone el énfasis primordialmente en la gracia de Dios. En nuestra realidad hispana o latinoamericana no se puede ver a Dios como capataz o señor déspota. Él es nuestro hermano y amigo, miembro integral de nuestra familia. Mayor que su castigo es su perdón mediante la gracia ofrecida en Cristo Jesús.

Debemos poner énfasis en esto, que los temas de Anselmo no son extraños a la soteriología de Pablo en Romanos (Comp. Romanos 3:19-26), pero éstos no son su única imagen y visión. Se ve también en Romanos la visión soteriológica de un Cristo que nos hace miembros de su familia como hijos de Dios y que triunfa sobre los poderes del pecado y de todo mal. El tema de un Cristo victorioso es proclamado en las Sagradas Escrituras junto con el de la expiación. Es esencial para el tema de la soteriología. Éste se ve destacado en Romanos 8.

En su obra teológica, Lutero se opuso a la especulación teológica. Es algo que se puede ver claramente en la Disputación de Heidelberg. Allí pone énfasis en su tesis 19, que dice: “No se puede con derecho llamar teólogo a aquél que considera que las cosas invisibles de Dios se comprenden por las creadas."[168] Aunque se pueden percibir ecos de la teoría de Anselmo en Lutero, no argumentaba basado en una fe que busca entendimiento. Lutero afirma a Cristo como nuestro substituto a la luz de su muerte, y presupone la fe de Calcedonia. Pero Lutero entendía la salvación, en las Sagradas Escrituras, de una manera integral. La salvación señala también, con muchos matices, la realidad de vivir en el poder del acompañamiento de Cristo. Por lo tanto, la relación entre la divinidad y la humanidad de Cristo, no son temas dogmáticos para explorarlos o especular acerca de ellos. Se presuponen como punto de partida para discernir la obra de Cristo por nosotros. En su tratado sobre *La Libertad Cristiana*, Lutero habla de una manera actual y dinámica respecto de la obra salvadora de Cristo. Por eso Cristo vive en nosotros como "gozoso trueque".[169] Cristo no es solamente un substituto. Él es como el esposo que otorga todas sus pertenencias a la esposa. De la misma manera, Cristo vive, en íntima comunión con su cuerpo, la iglesia, su querida esposa, todas las penas y el dolor. La gracia de Cristo se vierte en verdadera comunidad con su pueblo. Su obra soteriológica recibe el impacto total de su presencia en comunidad y poder con su pueblo. Y a partir de este punto cristológico vivimos en acción y no en teorías. Desde la perspectiva de esta reflexión cristológica, continúa afirmando Lutero: "Los bienes divinos emanan de Cristo y entran en nosotros; de Cristo, de aquel cuya vida estuvo dedicada a nosotros, como si fuera la suya propia. Del mismo modo deben emanar de nosotros y derramarse sobre aquéllos que los necesitan. Pero esto tendrá lugar de tal manera que pondremos también nuestra fe y justicia en servicio y favor del prójimo delante de Dios, a fin de cubrir así sus pecados y tomarlos sobre nosotros cual si fueran nuestros, como Cristo ha hecho con nosotros mismos. He aquí, esto es amor, cuando el amor es verdadero."[170] El mensaje de la cruz tiene para Lutero una visión radical de la encarnación, que va más allá de las teorías. Esta visión radical culmina con la muerte en la cruz. Cristo es nuestro substituto de una forma real, ante el Padre. Pero esa muerte implica que Dios camina con nosotros en el mundo. Consecuentemente, para los cristianos la visión soteriológica implica más que explicación y predicación. No existe la realidad soteriológica del perdón de los pecados aparte de la presencia viva del Verbo hecho carne entre nosotros.

Vivimos en esta realidad la obra sacerdotal de Cristo. Esa realidad ata en vida y acción nuestra proclamación del perdón de pecados. Así concluye finalmente Lutero su tratado sobre *La Libertad Cristiana*: "Se deduce de todo lo dicho que el cristiano no vive en sí mismo, sino en Cristo y el prójimo; en Cristo por la fe, en el prójimo por el amor."[171] Por lo tanto, la realidad soteriológica siempre está enfocada en vivir a Cristo entre nosotros y por nosotros. Incorporamos así la visión soteriológica en nuestra obra ministerial. Este tema se hace aún más intensivo en la visión Trinitaria de Lutero. Exploraremos este tema en diálogo con varios teólogos contemporáneos en la sección III de este estudio, para construir una teología pastoral cristológica en el contexto de nuestra realidad hispanolatina.

Otro modelo soteriológico surgió como reacción a la posición de Anselmo en la época medieval. Pedro Abelardo (c. 1079-1142), contemporáneo de Anselmo, reaccionó en contra de su teoría de satisfacción vicaria. Abelardo afirmaba, con Pablo, en su comentario sobre Romanos, que por las obras de la ley ningún ser humano puede ser justificado.[172] Es por esto que Dios manifestó su gran amor por nosotros al asumir Cristo nuestra naturaleza humana. Cristo Jesús, como nuestro maestro y ejemplo, fue fiel entre nosotros hasta la muerte. Así razona Abelardo: "Ya que somos justificados en la sangre de Cristo y reconciliados con Dios por medio de ella, que por medio de la gracia singular manifestada a nosotros en que su Hijo tomó nuestra naturaleza, enseñándonos así por medio de la palabra y el ejemplo, perseveró hasta la muerte. Jesús se acercó así íntimamente a nosotros por su amor, para que avivados por medio de ese fuego de la divina gracia, no tengamos temor de enfrentar lo que sea en su nombre."[173] Para Abelardo, entonces, la obra de Cristo nos inspira a hacer obras como las de Cristo. Cristo nos enseña por su ejemplo a responder a las necesidades del mundo en amor y piedad.

En la tarea de discernir la posición de Abelardo, se puede notar que rechaza la teoría del rescate por pago al diablo, y la satisfacción vicaria o pago al Padre. La obra soteriológica de Cristo no viene a ser simplemente un ejemplo que debemos seguir. Abelardo pone el énfasis en que Cristo sufrió por la humanidad, y que nos compró y redimió con su sangre. Pero el ejemplo de Abelardo no es del Cristo como el varón de dolores. Cristo Jesús es el *Logos*, el Verbo divino que le enseña a la humanidad su camino de justicia.[174] Por eso su teoría es llamada subjetiva, ya que la satisfacción vicaria es solamente un cambio que ocurre en los seres humanos y no en Dios, contrariamente a lo que declara la posición de Anselmo.

Al reflexionar sobre esta teoría subjetiva de la redención, podemos ver que Cristo está atado más bien a una idea, a un ejemplo, y no toma su lugar en nuestra realidad humana, para vivir con nosotros. No podemos ver aquí el verdadero peso del pecado y sus consecuencias en el mundo. Se puede ver en Cristo solamente una idea de Dios hecho objeto en la humanidad. No se puede ver claramente, entonces, el significado de la muerte de Cristo por nosotros.

En el contexto de la teología entre los latinos e hispanos en los EE.UU. de N.A., vemos que estos dos modelos, el objetivo y el subjetivo, se encuentran presentes. Por ejemplo, en la obra de Samuel Solivan se ve un seguimiento de una soteriología integral en su concepto de *ortopatos*, donde el sacrificio y la muerte de Cristo por nosotros apuntan a un discipulado junto a la cruz. Aquí veo que se aproxima a Lutero, tomando seriamente la tradición de Anselmo, aunque lo hace de manera implícita y no explícita.[175] Luis Pedraja toma su posición de vivir la realidad del *Logos*, del Verbo encarnado, a la luz de Abelardo.[176] De allí parte su compromiso con el sufrimiento del pueblo hispano. Pero desde este punto de vista no puedo ver con seriedad cómo Dios toma carne humana entre nosotros y con qué propósito y significado camina con nosotros y muere en la cruz.

Desde el punto de vista católico evangélico de la tradición luterana, se afirma también una dimensión bíblica de la que carecen las posiciones de Anselmo y Abelardo. Estas teorías toman un camino muy individualista con relación a la salvación. Como hemos visto en Lutero, la dimensión personal es importante. Pero la salvación por la comunidad y en favor de la comunidad es muy importante en la teología sacramentaria de la iglesia católica evangélica. Es un compromiso de Dios por todos y para todos, y de los creyentes con todos y para todos.

Ireneo de Lyon, en su obra *Contra Herejes*, ofrece una expresión comunitaria de la salvación. Toma su perspectiva de Efesios 1:10, en la que señala que en Cristo se lleva a cabo el plan para el cumplimiento del tiempo. Eso se logra al "reunir Cristo en sí mismo todas las cosas, tanto las del cielo como las de la tierra".[177] Cristo es la cabeza de una nueva creación. Al final Cristo completará y transformará toda la creación.[178] Por lo tanto, su muerte tiene validez para toda la humanidad y toda la creación. La dificultad mayor que veo en esta posición es que opaca el testimonio de que Cristo camina con nosotros en nuestras circunstancias de sufrimiento y marginales. Ireneo ve la futura gloria de Cristo, pero no señala el modo como Dios camina entre nosotros en nuestro sufrimiento.

Gustav Aulén, en *Christus Victor*, pone énfasis en lo que llama la "teoría clásica" de la redención.[179] En ella ve el tema de Cristo como vencedor sobre todos los poderes del mal. Dios interviene en nuestra historia en Cristo Jesús, para librarnos de la esclavitud del mal y de toda opresión que pueda afligir a la humanidad. Aulén señala en la teología clásica del Nuevo Testamento una victoria que va más allá de un cuadro jurídico respecto de la salvación. Su tema es de victoria sobre el pecado y la maldad. Pero está dirigido principalmente a la victoria sobre Satanás. Creo que es importante hablar también de Cristo como liberador. Pero su liberación comienza al asumir él nuestro lugar en la relación con el Padre. Tenemos que ver y sentir a Dios manifestándose en favor de nosotros. Su liberación continúa en la formación, con nosotros, de un pueblo donde Cristo llega a ser el centro y el poder de nuestra comunidad. Cristo es nuestro liberador al caminar con nosotros en nuestro sufrimiento, discordia y marginalización. Es así como vivimos plenamente el amor de Dios con nosotros, y en renovación de nuestra comunidad y sociedad. El tema de su victoria exige ver cómo camina Cristo junto a nosotros como nuestro hermano, con nuestra familia, en la ambigüedad y los problemas de nuestra historia. Es en ese acompañamiento que miramos con esperanza la resurrección y la renovación, que comienza entre nosotros con la cruz, en el poder del Espíritu.

En la sección final de esta obra estudiaremos estos temas soteriológicos en el contexto de nuestra realidad hispana.

EL OFICIO DE REY

Cristo Jesús ejerce su oficio de rey en su persona y obra, sobre este mundo y el que ha de venir, en su estado de exaltación. Lo que fue expresado de manera gráfica con su descenso a los infiernos, su reino de triunfo sobre la creación, el pecado y el mal (1 Pedro 3:18-19; Colosenses 2:15), es ahora nuestro tema y confesión. Cristo es exaltado a la diestra de Dios Padre y todo poder le es dado en el cielo y en la tierra (Mateo 28:18; 1 Corintios 15:24; Efesios 1:20-21). Su reinado como rey exaltado comienza ya con su resurrección, que es la anticipación de nuestra victoria sobre nuestro último enemigo, la muerte (1 Corintios 15:26). Pero su reinado de gloria no invalida su humanidad, su sufrimiento, su humildad por nosotros. Nuestro rey exaltado siempre es aquél que por su grande amor se ofreció a sí mismo en suprema solidaridad con nuestra humanidad y problemas humanos. Como nuestro rey exaltado Jesús lleva en su persona las marcas (stigmatas) de su crucifixión (Juan 20:24-28). Jesucristo ejerce, entonces, su oficio como rey en calidad de siervo de nosotros. Su segunda venida como rey estará marcada por su servidumbre y servicio por nosotros (Lucas 12:37). Por esta razón nuestra proclamación y obra, a la luz de su oficio de rey, no puede ser una teología de la gloria sino una que tiene que ser vivida con una teología de la cruz. Aquél que reina es aquél que sirve, quien nos acompaña hoy día como nuestro abogado y redentor. Él nunca cambia en esa relación con nosotros. "Jesucristo es el mismo ayer y hoy y por los siglos" (Heb 13:8). Esta proclamación es ofrecida a la luz del sumo sacerdocio, en que el sacerdote se compadece de nosotros. Cristo Jesús reina al servirnos, y nos sirve en su reinado. Esto es así, aunque el acto y hecho de la salvación se demuestre en dos etapas, una en que se manifiesta Jesús en el despojo de su humillación y la otra en su exaltación, en la que se cumple y manifiesta su reinado de siervo.

Los teólogos ortodoxos luteranos del siglo 17, enseñaron que el reino de Cristo se manifiesta de tres maneras. Éstas son los reinados de poder, de gracia y de gloria. Es muy importante destacar que tenemos solamente un rey, y por lo tanto no podemos separar un reinado del otro. Cristo Jesús los ejerce a la vez.

El reinado de poder es aquél en que nuestro rey preserva la naturaleza y todas las cosas que se encuentran en ella. Dios hizo todas las cosas mediante Cristo y las sustenta con su reinado de poder (Hebreos 1:2-3). Cristo Jesús exalta la creación del Padre y es instrumento de su preservación. Si proclamamos a Cristo Jesús Señor, quiere decir, entonces, que alabamos y ponemos nuestros brazos y manos al servicio de la creación. Alabar y vivir en el reinado de poder, significa que vemos a todos los seres humanos como hijos de Dios, y celebramos toda su creación como regalo de Dios. Con este reinado se afirma la preservación de la creación, pues Dios la sustenta y preserva. Cristo sustenta y gobierna el mundo y es centro y poder de nuestra historia en todas sus dimensiones. Por tanto, dignificamos a todas las hijas e hijos de Dios. Respetamos también sus culturas. Buscamos el modo de afirmar y proteger a todos, pues son criaturas e hijos dignos de Dios. Esto significa que vivimos y trabajamos para lograr que en esta tierra haya cierta equidad, y que el hambre y la injusticia no sean la regla de nuestra existencia. Es necesario afirmar un modo de vivir en el que todos los seres humanos reciban en abundancia los regalos bondadosos de nuestro Creador. También tomamos en cuenta a toda la creación. Reconocemos que está para el sustento y beneficio de toda la humanidad. Aquí entra la visión ecológica. Preservar nuestra creación es afirmar la mano bondadosa de Dios, de querer brindarnos una mejor manera de vivir en relación con la naturaleza y su paisajes, que son bendición de Dios.

El reinado de gracia se manifiesta dondequiera que Cristo Jesús reina como Redentor, piedra angular de la comunidad cristiana y centro y poder de su iglesia (Efesios 2:19-21). El reino de gracia se encuentra presente entre nosotros por medio de la palabra de Dios y los sacramentos (Juan 17:1-3; Mateo 26:27). Este reinado se encuentra presente en el corazón de todos los creyentes (Lucas 17:20-21) y en la unidad que tenemos presente como hermanas y hermanos en Cristo (1 Corintios 10:16-17).

En el reinado de gracia vivimos y celebramos la realidad que Cristo es nuestro Redentor. Esta realidad es nuestra por promesa y fe. Reconocemos por fe que la iglesia cristiana es una realidad, y que a pesar de la oposición del mal y sus poderes, la iglesia prevalecerá para dar testimonio del amor y perdón que tenemos en Cristo Jesús. Como la visión de Cristo es una salvación integral aunque el reinado de gracia no es el de poder, nuestro rey es uno, y por lo tanto acompañamos y obramos favoreciendo a los desvalidos, cristianos y no cristianos. Lo hacemos por amor de Cristo, para que su mensaje de gracia prevalezca como el instrumento más efectivo y esencial de su redención.

El reinado de gloria se ha de encontrar revelado al final de la historia, cuando el reino de Dios se manifieste completamente. Allí la fe verá lo que hemos creído y esperado bajo el velo y en el discipulado de la cruz; y los incrédulos verán lo que no han creído (1 Juan 3:2-3). Mientras tanto: "Nos regocijamos en la esperanza de alcanzar la gloria de Dios" (Ro 5:2). Vivir durante el reino de gloria es vivir diariamente con esperanza y paciencia la realidad de su gloria y nuestra resurrección, la realización completa entre nosotros de su victoria sobre la maldad y el pecado (Romanos 5:2-11; 8:17-39; 1 Corintios 1:7-9).

Mientras tanto, vivimos en promesa y esperanza, en la comunión del Espíritu, la manifestación de su gloria. Como proclamadores del reino de gloria, le damos a conocer en esperanza al pueblo de Dios que nuestro dolor, muerte y marginalización son circunstancias transitorias. Cristo es Señor. Éste es el mensaje final dentro de la realidad de su resurrección.

PREGUNTAS PARA REFLEXIÓN

1. ¿En qué consiste el oficio profético de Jesucristo? ¿Cómo podemos ejercer hoy en nuestras comunidades latinas el ministerio profético de Cristo Jesús?
2. ¿Cuál es la importancia de la obra sacerdotal de Jesucristo por nosotros?
3. ¿Qué diferencia existe en la posiciones de Anselmo, Abelardo, y Lutero concerniente a la obra sacerdotal de Cristo Jesús? Reflexionen sobre cuáles son los puntos que se deben enfatizar para nuestra proclamación de la obra sacerdotal de Cristo Jesús?
4. Dialogue sobre la posición de Aulén concerniente a su entendimiento de la "teoría clásica del Nuevo Testamento. ¿Cómo puede impactar o no nuestra proclamación de Cristo Jesús en nuestras comunidades latinas?
5. ¿En qué consiste el oficio de rey en la obra de Jesucristo? ¿Cómo puede nuestra proclamación de los reinados de poder, gracia, y gloria de Cristo Jesús impactar nuestras comunidades latinas?

TERCERA PARTE

Cristo Jesús: centro y praxis de nuestra comunidad hispana-latina

CAPÍTULO CATORCE

CRISTO JESÚS ES NUESTRO LIBERTADOR

Ya hemos mencionado que para Lutero, en su visión cristológica, uno de los temas centrales es que Jesús es nuestro libertador. Es imprescindible tocar este tema con relación a la proclamación de Cristo Jesús en la realidad hispana-latina. Para Lutero, el hecho de nuestra liberación está basado en dos planos: "El cristiano es libre señor de todas las cosas y no está sujeto a nadie, el cristiano es servidor de todas las cosas y esta supeditado a todos."[180] Cristo es nuestro libertador, pues vivió como nadie la voluntad de Dios por nosotros. No dejó a un lado su misión de tomar nuestros pecados en la cruz. Su misión está caracterizada, a la vez, por una vida genuina en que nos enseña que es necesario vivir libres sujetos a la voluntad de Dios. Esta actitud nos llama a la fe, cuando llegamos a la conversión. En esta conversión no prevalece o se establece nuestra esclavitud respecto al pecado sino una vida nueva. Muertos al pecado por el poder de la muerte y resurrección de Cristo, nacemos por el Espíritu a una vida nueva. Nuestra conversión es, entonces, un hecho dinámico en el que Cristo mora en nosotros en una vida genuina y libre. Esta vida nueva nos compromete en la realidad de la encarnación de Cristo, a vivir de manera concreta en solidaridad con los que son esclavos de su condición humana y de los poderes de maldad. Lutero llama a esta realidad el más dulce de los milagros y un intercambio de gran gozo. Jesús es nuestro hermano gemelo, pues vive en nosotros su libertad en favor del mundo. Estar libres del pecado no nos invita a una soledad en la que solamente vivimos en paz por estar liberados del pecado, sino que somos llamados a vivir en compromiso con los que se encuentran esclavizados por el pecado y los poderes del antireino. De allí parte la genuina libertad cristiana. Es importante entender, en el contexto antropológico bíblico, que fuimos creados para vivir en genuina comunidad. La libertad no es, entonces, conforme a la imagen de Dios, esa libertad promulgada en la época del Iluminismo, en que tenemos la libertad de ejercer el dominio de nuestras vidas delante de todos. La libertad se demuestra en una relación de amor con Dios y nuestra comunidad. Somos verdaderamente libres en Cristo, cuando caminamos con él en la vida de comunidad. Y eso implica que escuchemos los llantos, y tengamos conciencia de las circunstancias vividas por nuestros hermanos y hermanas. En el contexto de nuestra teología latina en los EE.UU. de N.A., implica que vivamos la presencia de Cristo en relación con lo cotidiano, nuestro mestizaje, y la religiosidad popular de nuestro pueblo, para poder celebrar la gracia de Dios entre nosotros.

Leonardo Boff expresa esta clase de relación de Cristo Jesús con nosotros. Jesús es nuestro libertador, pues nos llama a la conversión. Vivir la conversión en Cristo, es vivir de una manera genuina, dinámica y concreta la libertad de Cristo en el mundo. Esta libertad no es libertinaje, porque está marcada por la voluntad de Dios de una manera genuina, por la que somos transformados de esclavos del pecado en personas que viven una vida nueva en nuestra comunidad y sociedad. Nuestra conversión está anclada en Cristo Jesús que nos llama a crear una comunidad verdadera por su cruz y resurrección.[181] Quiere decir que nuestra conversión es un hecho diario en la realidad de nuestro bautismo. En nuestro bautismo somos llamados a vivir una participación en la muerte y resurrección de Cristo, todos los días de nuestras vidas, a fin de llevar una vida nueva (Romanos 6:1-14; 2 Corintios 4). En este llamamiento vivimos como instrumentos de la justicia y del amor de Dios. Ser libres respecto del pecado significa que somos llamados a romper las cadenas del pecado en el corazón de cada individuo, pero también a obrar contra los poderes que esclavizan al pueblo de Dios. Pues no puede haber genuina libertad en Cristo si Cristo no es el centro y el poder de vida nueva en nuestras comunidades. Observo este punto de vista arraigado en la visión de Lutero de vivir en el feliz intercambio en que Cristo, como nuestro libertador, mora en nosotros. Quiere decir, que se nos compromete de una manera concreta a interferir en la esclavitud que los seres humanos experimentan en todas sus dimensiones. La liberación de Cristo se encuentra de una manera personal y de comunidad en nuestra relación con Dios y otros seres humanos. Se encuentra también cuando el Cristo que vive en nosotros concretamente, escucha y actúa en los problemas de nuestra sociedad, que impiden que seamos vistos como verdadera imagen de Dios.

Afirmar a Jesús como libertador implica un compromiso respecto al fundamento soteriológico de comprender la vida y obra de Cristo. Éste es un tema central de la imagen de Jesús como libertador en el pensamiento de Jon Sobrino y Leonardo Boff.[182] Nuestra conversión a la vida nueva es muy importante para nuestro compromiso de servir a Dios en el mundo.

LA RELACIÓN DE LA SOTERIOLOGÍA CON LA RECONCILIACIÓN

Antes de ir al tema de cómo Cristo llega a ser nuestro libertador en el contexto hispano-latino, es imprescindible aclarar varios conceptos teológicos. En el contexto de la liberación de Cristo, algunos teólogos mantienen separados la soteriología de la liberación, y el perdón de los pecados de la reconciliación. Hacer esto es no entender a Cristo completamente como nuestro libertador.

Para poder discernir esta problemática es imprescindible comenzar con *El Dios Crucificado*, de Jürgen Moltmann. Esta obra es una de las más importantes para discurrir sobre el lugar que ocupa Cristo como libertador en nuestra teología actual. Para Moltmann, la soteriología sólo comprende un grupo de la humanidad, y no todo el género humano.[183] Así lo explica: "Cristo es el hermano de las víctimas y el redentor de los culpables. Él 'toma', por un lado, 'los sufrimientos del mundo' y por el otro, los 'pecados del mundo.'"[184] Mirándola desde el punto de vista de Moltmann, su cristología es de solidaridad. Para que exista solidaridad entre las víctimas y los victimarios, aquéllas tienen que entender que Dios experimenta su sufrimiento y quiere cambiar esa situación opresiva. Los opresores, los culpables, tienen que llegar a entender esta imposición de sufrimiento y cómo Dios se identifica con los que sufren. Tienen que ser reconciliados así y recibir perdón para poder vivir en solidaridad con los oprimidos.

Para Moltmann, los que causan el dolor son flacos de memoria, olvidan sus acciones y tienen que ser llevados a un acto comunal de reconciliación en relación con las victimas y Dios. La reconciliación no tiene nada que ver con el perdón de nuestros pecados por Cristo, sino tiene que ver con un hecho que Dios obra en toda la humanidad, en una relación de verdadera solidaridad, entre los oprimidos y los opresores.

Analizando este pensamiento, vemos que el mensaje de reconciliación de Cristo se aparta del perdón de los pecados que tiene por objeto a toda la humanidad. Esto en realidad no encaja con el mensaje de reconciliación de Pablo en 2 de Corintios 5:19-21: "...en Cristo Dios estaban *reconciliando al mundo* consigo mismo, *no tomándole en cuenta sus pecados* y encargándonos a nosotros el mensaje de la reconciliación. Así que somos embajadores de Cristo, como si Dios los exhortara a ustedes por medio de nosotros: 'En nombre de Cristo les rogamos que se reconcilien con Dios'. Al que no cometió pecado alguno, por nosotros Dios lo trató como pecador, para que en él recibiéramos la justicia de Dios" (cursiva del autor).

No cabe duda que en el cuadro de Pablo, la reconciliación de Dios tiene por objeto no solamente a algunos, sino a todos. Esta reconciliación consiste en que Cristo toma así el lugar de todo el mundo pecador y nos reconcilia con Dios. Lo que podemos discernir en este cuadro es que todo el mundo tiene necesidad del perdón de sus pecados para una genuina reconciliación con Dios y la humanidad. Es más, Pablo ve en esto la base fundamental respecto de nuestra actitud de respeto y de dignidad manifestada a todo ser humano. Pues en los versículos anteriores a este texto nos dice cuál es el efecto y significado de esa reconciliación por medio del perdón de los pecados. Pablo afirma: "Así que de ahora en adelante no consideramos a nadie según criterios meramente humanos. Aunque antes conocimos a Cristo de esta manera, ya no lo conocemos así. Por lo tanto, si alguno está en Cristo, es una nueva creación. ¡Lo viejo ha pasado, ha llegado ya lo nuevo! Todo esto proviene de Dios, quien por medio de Cristo nos reconcilió consigo mismo y nos dio el ministerio de la reconciliación" (2Co 5:16-18). Ser nueva criatura es estar atado a esta reconciliación que tenemos por medio del perdón de los pecados. Todos somos dignos ante Dios y la humanidad.

El problema con Moltmann es que no reconoce la condición humana de pecado en todos los seres humanos. La salvación y el perdón de los pecados sólo lo necesitan los opresores, que son los pecadores. La realidad es que esa línea entre quiénes son y quiénes no son pecadores, no se puede trazar. No se puede tampoco trazar siempre fácilmente esa otra línea en la que se pueden distinguir los opresores y los oprimidos en todos los casos y en todas sus dimensiones.

Leyendo la historia de todos los pueblos, vemos que entre éstos existen oprimidos, opresión y desvalorización de la dignidad de la persona en nuestra familia y sociedad. Veo esto, por ejemplo, en el caso de nuestra cultura hispana. Somos hombres y mujeres identificados por nuestro mestizaje, por nuestra marginalidad. Pero he visto, en mi experiencia como pastor, que las mujeres hispanas sufren mucha violencia y marginalización de parte de hombres hispanos que también viven la marginalidad. Quiere decir que para actuar con miras a una reconciliación, hay que mirar más allá de clases económicas o de culturas. Éste el caso de las mujeres hispanas cristianas que en sus propias familias y comunidades tienen que liberarse de su candidez y marginalidad. Veo esto también entre personas pobres, que por llegar a cierto nivel de poder menosprecian a sus hermanos y hermanas hispanos, haciendo alusión al color de la piel, su nacionalidad, los problemas sociales como las drogas y el alcoholismo, marginándolos. Miramos a los otros como "pecadores" o personas "más dadas" al pecado; y lo hacemos bajo la máscara de santidad, para disfrazar nuestra idolatría y pecado. Para hablar de reconciliación, el tema tiene que estar relacionado con una vida genuina de comunidad en el perdón de Dios. Tenemos que entender que nuestra idolatría es la que marca nuestra acción con relación a todo ser humano. Querer tomar el lugar de Dios es lo que nos hace así. Ése es el pecado que mora en todos nosotros. Ninguna circunstancia humana excusa nuestro pecado. Así nos lo aclara Pablo en varias de sus cartas. De particular impacto es lo que leemos en Romanos: "No hay un solo justo, ni siquiera uno; no hay nadie que entienda, nadie que busque a Dios. Todos se han descarriado, a una se han corrompido. No hay nadie que haga lo bueno; ¡no hay uno solo!" (Ro 3:10-12).[185] La comprensión del perdón de nuestros pecados, y de la soteriología, es imprescindible para nuestra reconciliación y proclamación de Cristo Jesús como libertador.

Éste es un tema que ha preocupado muy especialmente a teólogos cubanos en los Estados Unidos de América y Cuba.[186] Ofrezco este tema como punto de partida para el diálogo en nuestra reflexión sobre la soteriología y la reconciliación. Aquí podremos encontrar diálogo y reflexión para otras de nuestras comunidades hispanolatinas.

Ada María Isasi-Díaz expresa, de una manera muy sentida, la necesidad de la reconciliación como tema central religioso para nuestras comunidades cristianas en relación con nuestra sociedad. Isasi-Díaz toma como punto de partida el relato de Mateo 25:31-46. Ella ve aquí la más clara explicación de lo que significa llegar a ser uno en Cristo, verdaderamente reconciliados. Como ella explica, de un lado se encuentran los que no tienen nada y del otro los que sí tienen, los hambrientos y los satisfechos, los desnudos y los que tienen ropa, los prisioneros y los libres, los enfermos y los sanos. Claramente existe una gran división en dos grupos dentro de la comunidad. Su conclusión es ésta: La enseñanza de esta parábola es, que la división debe ser saneada, y solamente aquéllos que obran para repararla pertenecerán a la familia de Dios. El verdadero significado de la reconciliación es el saneamiento de lo que divide la humanidad, o de lo que separa uno del otro.[187] En su perspectiva, la reconciliación es, entonces, un proceso señalado en nuestra historia para sanar heridas. En otras palabras, la prioridad que se da a la reconciliación es un deber cívico y social en vez de soteriológico. Su meta, como la de Dagoberto Valdés Hernández, un hermano teólogo que reside en Cuba, es la siguiente: Todas las personas necesitan, en algún momento de sus vidas, reconciliarse con su historia; todas las familias necesitan momentos de reconciliación, todas las comunidades cristianas necesitan esos momentos; todos los países se encuentran en circunstancias en que lo más importante es cerrar las heridas, purificar las memorias, cultivar misericordia y perdón, ofrecer amnistía desde el fondo del corazón y no sólo desde la perspectiva de la ley, escribir historia sin provocar revancha para comenzar una nueva fase de la jornada.[188] Para Isasi-Díaz y Valdés Hernández, la reconciliación es el tema esencial de la comunidad cristiana. Para manifestar el poder de Cristo Jesús en nuestras comunidades cristianas, es imprescindible un llamado real y concreto en el que exista saneamiento, misericordia y perdón en relación con nuestros hermanos y hermanas y nuestra familia con quienes convivimos. Ésa es la marca de ser cristianos. Pero, tanto Isasi-Díaz, como Moltmann, separan el tema de la reconciliación del de la soteriología, del perdón de Cristo obrado para beneficio de todos los seres humanos. Así lo vemos en la crítica del cardenal Jaime Ortega.

Para Ortega, el punto primordial de saneamiento comienza con el perdón de los pecados. Ortega enfoca su perspectiva a la luz del Padrenuestro: "Perdónanos nuestras deudas así como perdonamos a nuestros deudores."[189] Para él, este punto soteriológico es esencial. No puede haber perdón generoso o curación de heridas si no comenzamos con el perdón ofrecido y manifestado en Cristo Jesús. Veo esto claramente expresado en el relato de una mujer pecadora que unge a Jesús (Lucas 7:36-50). Jesús ofrece a la mujer pecadora amor incondicional en su perdón absoluto (Lucas 7:48). Por medio de su fe en ese perdón absoluto comienza la cura de esta mujer. "–Tu fe te ha salvado *(sésokén)* –le dijo Jesús a la mujer–; vete en paz" (Lc 7:50). En otras palabras, tu fe te ha sanado completamente. Esto incluye aquí la dimensión integral de que con el perdón de los pecados ella recibe de un modo cabal la paz, la sanidad de Dios. Pero el cardenal Ortega no ofrece una síntesis respecto al tema del perdón de pecados con la reconciliación. La reconciliación comienza con Dios en su gracia demostrada en Cristo Jesús y su amor incondicional por nosotros. La reconciliación se demuestra en el perdón completo de nuestros pecados. Desde la perspectiva de Dios esta mujer es liberada completamente y se le otorga la dignidad de Dios. Desde la perspectiva de Dios, su condición es la de una persona libre y con los mismos derechos que cualquier otra persona de su comunidad. Es hija digna de Dios, y a partir de allí comienza nuestro acompañamiento para afirmar en ella la imagen de Dios.

El punto de vista de Isasi-Díaz es que no podemos estancarnos en el mensaje del perdón de pecados si añoramos una verdadera sanidad y comunión en nuestra familia y pueblo de Dios. Estoy de acuerdo con ella. Pero ese comienzo tiene que arrancar limpiando la mesa. Para que no haya revanchas y odio, y que comience una manifestación del poder de Dios en nuestra comunidad, tenemos que brindar el perdón y la paz que Cristo ofrece de manera incondicional al mundo. Cuando se habla de pecado en las Sagradas Escrituras, no se refiere a un concepto ascético en que el pecado es solamente algo etéreo y una circunstancia en la que Dios perdona al ser humano de manera puramente teórica. El pecado reluce en nuestras idolatrías de engrandecimiento, en nuestra opresión, en nuestra injuria y desprecio manifestados en perjuicio de hermanas y hermanos en nuestras comunidades. Hablar del perdón de pecados es expresar de una manera real y concreta cómo Dios estaba en Cristo reconciliando al mundo. Es necesario insistir en que el tema de la soteriología quede conectado con el tema de la reconciliación. A la luz del testimonio bíblico, es una marcha segura de libertad, aunque todo lo que hagamos sea tentativo, y aunque a veces nos frustren aquéllos que se oponen a la reconciliación. Pero en el perdón tenemos la verdadera reconciliación de Cristo, para que tengamos reconciliación en nuestra familia y sociedad.

Este punto de partida ocupa el centro de la Teología de la Liberación de Gustavo Gutiérrez. Recordamos de nuevo sus palabras: "Cristo salvador libera al hombre del pecado, raíz última de toda ruptura de amistad, de toda injusticia y opresión, y lo hace auténticamente libre."[190] No cabe duda que este tema confunde cuando no entendemos la presencia de Dios en nuestras necesidades y dolor. También se frustra nuestra proclamación de Cristo cuando no concretamos ese mensaje llevándolo a nuestra realidad de dolor precisa. Es por eso que es necesario tocar el tema de la soteriología en relación con el dolor de Dios en Cristo.

PREGUNTAS PARA REFLEXIÓN

1. ¿Cómo podemos referir a Cristo Jesús como nuestro liberador en nuestra proclamación al pueblo de Dios?
2. ¿Cómo limita Moltmann la proclamación del Dios crucificado en nuestras comunidades hispanas?
3. Dialogue sobre los puntos esenciales que debe comprender nuestra proclamación de la reconciliación de Cristo en nuestras comunidades latinas.
4. ¿Por qué es necesario predicar una salvación integral en relación a la obra redentora de Jesucristo?

CAPÍTULO QUINCE

LA VIDA DE JESÚS EN RELACIÓN CON EL DOLOR DEL PUEBLO DE DIOS

LA SOTERIOLOGÍA Y EL DOLOR DE DIOS

Al fomentar una cristología pastoral para nuestro pueblo hispano, es imprescindible descubrir el modo en que, dentro del tema del perdón de nuestros pecados, Cristo Jesús camina y se identifica con nuestro dolor. Es esencial ver, entonces, la manera en que, en nuestra tradición evangélica, Cristo se acerca a nuestro dolor, para afirmar cómo él es el centro y poder de nuestra comunidad cristiana.

No cabe duda que para Martín Lutero el tema central es contestar la pregunta: ¿Cómo obtengo yo, un ser pecador, la seguridad de mi salvación ante Dios? Esto es un tema central de su soteriología. Para Lutero, esta seguridad se encuentra en Cristo Jesús, pues: "Cristo Jesús es nuestro monte Moria: pues Dios no ve a nadie, o no reconoce a nadie, a menos que sea presentado y afirmado en este lugar que es Cristo, y en Cristo, pues los ojos de Dios posan solamente en este lugar. Por eso, él es llamado la montaña en la que Dios fijará sus ojos para siempre."[191] Claro que, como ya hemos señalado, esta cita la hace Lutero con referencia a Génesis 22, en que Abraham ofrece a su hijo Isaac como sacrificio expiatorio. Pero aquí Lutero es más explícito en lo que ve. Este tema señala que un inocente sufre por los no inocentes. Es una posición que ha tenido varias críticas respecto del dolor. La teóloga Doerothee Solle ve, por ejemplo, en esa acción en que Dios sacrifica a su Hijo en la cruz, un Dios sádico. Ve el abandono de Cristo y su muerte en la cruz en expiación por nuestros pecados, como algo que no es moral ni digno de Dios. Su problema es, en realidad, que no ve la muerte de Dios en su relación trinitaria. Pronto haremos referencia a este tema.

Esta crítica se afirma también respecto del libro de Job. Muchos ven en esa narración bíblica a un Dios caprichoso, que deja que el inocente Job sea castigado para castigar su pecado y afirmar la gloria de Dios. Quienes ven ese sufrimiento y dolor de Job como algo merecido por sus pecados y rebelión contra Dios, comparten las opiniones de los mejores amigos de Job, según se destaca en el libro del mismo nombre. No ven cómo el sufrimiento de Job puede llegar a ser signo de libertad y vida nueva. Job afirma en su sufrimiento y fe un amor incondicional de Dios por los pobres, los marginados, los que sufren como él. Job es, en realidad, una figura del Cristo sufriente que camina con nosotros abogando por una vida y creación nuevas.[192]

Si leemos detenidamente el libro de Job, nos daremos cuenta que una discusión del sufrimiento y el dolor de Dios no puede limitarse a la teodicea. La teodicea es, en el campo teológico, el acto de justificar a un Dios omnipotente y justo respecto del sufrimiento sin sentido que experimentamos. Claro que muchos simplemente han relegado esto a nuestro pecado y el castigo que merecemos. Al hablar de la muerte de Cristo en el contexto bíblico, sabemos que ésta es suficiente y completa, obrada en nuestro favor (Hebreos 9). El sufrimiento de Cristo, al igual que el sufrimiento del cristiano, no tiene que ver, entonces, con un acto caprichoso de Dios, o una actitud de un Dios vengativo. La muerte de Cristo por nuestros pecados tiene que señalar un nuevo compromiso con la vida, en su sufrimiento y nuestro sufrimiento. De aquí parte la pregunta de Ignacio Ellacuría: "¿Podemos considerar a la humanidad, con su sufrimiento, como salvada en la historia cuando continúa cargando los pecados del mundo?"[193] Para Ellacuría es necesario enlazar la soteriología con la obra salvadora de Cristo, y como punto esencial y referente a ella. Pero tiene que ser una soteriología que, actualizada en la historia, encuentra su obra salvadora y se hace una praxis en nuestro seguimiento del Dios crucificado.[194] Esto es esencial si afirmamos el camino del "pueblo crucificado", llamado así por Ellacuría. Son los agentes que viven la acción de la realidad salvadora de Cristo en nuestra sociedad.[195] Pero Ellacuría quiere trascender las nociones de expiación y sacrificio, pues ve en ellos una evasión de lo que debe hacerse en la historia para eliminar los pecados. Ellacuría no quiere evitar el problema del pecado, pues es importante para el problema de nuestro sufrimiento injusto, pero quiere hacerlo con una noción que transcienda el idioma de la expiación vicaria.[196]

Teniendo en cuenta el sufrimiento y el dolor que el mundo experimenta, y las grandes tragedias como Hiroshima y Auschwitz, la pregunta, ¿qué significa la cruz de Cristo para nuestra redención?, no es, según Moltmann, la pregunta correcta. Si Dios no es influido o cambiado en su ser, opina Moltmann, no puede sentir el dolor de su Hijo, ni su Hijo sentir como Dios nuestro verdadero dolor. Para Moltmann, es necesaria una formulación teológica. Debemos inquirir cómo queda afectado Dios en su relación intertrinitaria por la condición humana.[197] Moltmann se expresa con énfasis respecto a esta relación intertrinitaria, como algo esencial para afirmar la figura del "pueblo crucificado", expresada por Sobrino y Ellacuría. Su cristología de solidaridad está basada, entonces, en una verdadera teología de la cruz –afirmando así a Lutero–, que es una teología trinitaria que va más allá de Lutero. Pero para Moltmann, la soteriología católica evangélica de Lutero carece de esta visión trinitaria.[198] En realidad, la visión soteriológica de Lutero está anclada en una realidad trinitaria. Veámoslo.

CRISTOLOGÍA TRINITARIA DE LUTERO

Martín Lutero señala la encarnación como demostración concreta del amor de Dios. Los teólogos que siguen el modelo de Anselmo en cuanto a la expiación vicaria, lo hacen solamente con miras al pasado. La muerte de Cristo es, en realidad, una *restitutio ad integrum*. Quiere decir que su muerte en la cruz es solamente una manera de afirmarnos en la misma santidad e imagen de Dios en el jardín de Edén. Este modelo contempla la situación humana solamente con una dimensión muy individualista y estática. Salvos ya, podemos quedarnos satisfechos y contentos en nuestros conventos. De esta manera se deja de lado la orientación bíblica de que somos la nueva creación de Dios, orientados en nuestra vida en los propósitos de Dios de una manera que tiene que ver con la Encarnación.

El teólogo japonés, Kazoh Kitamori, fue uno de los primeros en partir del modelo de Anselmo en su estudio de Lutero. Kitamori afirma, en su estudio de Lutero: "La absoluta necesidad del sacrificio de su Hijo se basa en Dios mismo."[199] Aquí vemos una manera completamente diferente de pensar de la de Anselmo. Para Lutero, la solución del problema de la salvación radica en Dios mismo. El significado más profundo y real de la salvación y de la expiación vicaria, no radica en la relación entre Dios y Dios concerniente al mundo, o Dios en relación con Satanás. Radica, en cambio, en la relación de Dios con Dios con relación al mundo.[200] Es por esto que Lutero afirma: "El evangelio fue proclamado mucho antes que la fundación del mundo."[201] Aquí encontramos una manera diferente de pensar de la de Anselmo. Con su manera de pensar, Lutero afirma una relación trinitaria en la que Dios es persistente y continúa actuando en el mundo con su amor inmensurable hasta en su noche de enojo.

Podemos captar el entendimiento trinitario de Lutero cuanto al significado de la muerte de Cristo, en su sermón "Preparándonos para morir".[202] Aquí podemos discernir la relación trinitaria de amor en relación con la muerte por nuestros pecados. Lutero describe al Hijo de Dios como aquél que fue abandonado por Dios, como uno eternamente condenado por causa de nosotros, cuando exclamó: "Elí, Elí..."[203] Aquí encontramos a Dios bregando con Dios. Dios abandona aquí, dice Lutero, "el cuadro tan celestial de Cristo", en favor de nosotros. Esta batalla señala dónde se encuentra el amor de Dios. Se ve aquí el propósito común de Dios Padre y Dios Hijo. Es aquí que se ve demostrada la verdadera esencia del amor eterno de Dios. La niña de sus ojos, "la verdadera imagen de Dios", es "aquél que es abandonado y condenado". Jesús es, concreta y realmente, "la imagen de la gracia de Dios contra el pecado".[204] Desde la perspectiva de Dios Padre, él también sufre el abandono de su Hijo amado con motivo de revelar su verdadera esencia, su imagen de amor eterno al mundo. La imagen real y verdadera del Hijo es demostrada en esa relación trinitaria en la que Jesús es abandonado por Dios, para comunicar al mundo lo que es en verdad el amor de Dios. El verdadero amor de Dios se demuestra, no en el valor de su Hijo divino, sino en que abandona a su Hijo por nosotros. En esto se encuentra el valor del Dios-hombre, Cristo Jesús, por nosotros. Este amor predomina cuando Cristo Jesús acepta ser abandonado para expresar la verdadera esencia del amor de Dios al mundo. En este abandono tenemos que entender también, que Cristo Jesús es afirmado como la persona que es, por medio de su encarnación, Dios y hombre. Lutero expresa aquí que Cristo Jesús toma nuestra verdadera humanidad con el *genus idomaticum*. Éste es el centro neurálgico de esa relación trinitaria. Ya que el Hijo vive realmente en su persona la condición humana, el Padre, entonces, sufre realmente el abandono de su Hijo, ya que lo pone en esa relación humana. Aquí solamente podemos entender que Dios Padre abandona a su Hijo que cargó con nuestros pecados. Solamente en esa muerte por nosotros es que podemos entender el amor y la pasión del Padre por su Hijo y por nosotros. Es un amor victorioso, pues en esa relación de amor incondicional con el mundo, Dios se revela. Dios Padre se revela en su relación con el Hijo, no de una manera abstracta, sino con el Hijo que en verdad tomó nuestra carne, dolor y pecado humanos.[205] Así demuestra su amor incondicional y absoluto por nosotros.

El tema trinitario sobre la soteriología es expresado también por Lutero en sus *Operationes in Psalmos*, en el comentario del Salmo 22. Lutero afirma en su exégesis de este Salmo, que el verdadero valor del Hijo se manifiesta en su sufrimiento y dolor por nosotros en esa relación de abandono, pero de amor, por nosotros. Es en el Dios crucificado, en el Dios abandonado, en afirmación de nosotros, que encontramos el amor de Dios. Se encuentra en esa relación entre el Padre y el Hijo. Aquí encontramos una genuina cristología desde abajo. Dios nunca abandona la causa de la humanidad por la causa de la divinidad. La causa divina es la causa humana, pero siempre arraigada en el fundamento del amor divino y su naturaleza. La causa divina siempre mantiene la prioridad, pues aquí tenemos un verdadero "deipasionismo" por causa de la humanidad.[206]

Marc Lienhard demuestra en qué está basado el deipasionismo de Dios, en uno de los sermones de Lutero de 1522. En ese sermón, Lutero describe la agonía de Cristo en Getsemaní de esta manera: "Ahora nuestro Dios ha sufrido por nosotros y llegado a un cambio en sí mismo, y así el miedo a la muerte ha perdido su poder y fuerza."[207] Pero tanto para Lienhard, como para Paul Althaus, esto no quiere decir que Lutero se ha convertido en un patripasionista. El patripasionismo es una herejía modal en la que no se distinguen las personas del Hijo y del Padre. Por lo tanto, expresa que Dios el Padre fue crucificado en la cruz y sufrió en su verdadera esencia. El sufrimiento del Dios crucificado es uno de relación entre el Padre y el Hijo por nosotros. Es un sufrimiento en el que Dios, en su santa voluntad, se relaciona con nosotros en esa relación trinitaria. Lutero rebasa aquí, en su expresión trinitaria, los límites de expresar la verdadera naturaleza de Dios con una noción ontológica griega del ser.

Dios no es un Dios apático, sin sentimientos, sino un Dios que se revela en su verdadero ser manifestando relación. La esencia de Dios, entonces, se expresa aquí en esa relación trinitaria y no pone énfasis en la terminología de esencia. Por eso, en el caso de Lutero, se puede identificar un deipasionismo. Es precisamente en esa comunión íntima entre Dios y la humanidad sufridora, que se nos permite hablar del Dios sufridor. Es una relación de amor absoluto que parte de su verdadera naturaleza de amor. Ésta no puede ser entendida si no comprendemos esta relación y voluntad del Dios trinitario en favor de nosotros. Aquí vemos revelada la más genuina y profunda cristología de Martín Lutero.[208]

La muerte de Cristo en la cruz por nuestros pecados demuestra, entonces, una soteriología de la encarnación en la que vivimos el sufrimiento y el amor de Dios en el contexto del sufrimiento del pueblo de Dios. La presencia de Dios se comunica en su presencia junto a nosotros y por nosotros, en el centro de nuestras ambigüedades y nuestro pecado. Dios prevalece y se presenta junto a nosotros en esta relación, precisamente allí donde nuestra condición humana oscurece nuestra relación con la comunidad. Éste es el eterno "sí" del Dios trinitario para la humanidad, pues el Espíritu Santo nos comunica que nuestra batalla con Dios se acabó. Es aquí donde el Espíritu nos conmueve en la misión trinitaria a una nueva praxis con el pueblo de Dios.

Quiere decir que el gozo del Espíritu nos guía en ese perdón a apartarnos de nuestros intereses personales. Nos llama, en ese abrazo de amor, a negar nuestra carne para afirmar ese amor incondicional por los pecadores, como nosotros.[209] En otras palabras, como lo expresa Kitamori, es cuando "morimos y sufrimos" con otros el dolor de Dios, que nuestro sufrimiento llega a ser un sufrimiento con significado.[210] Caminamos y obramos para una vida nueva con los que sufren por el pecado y los poderes del pecado manifestados en nuestra comunidad, asistidos por el poder del Espíritu Santo.[211]

La cruz en el contexto del sufrimiento de Dios expresa para Lutero también la realidad del evento de la Pascua de Resurrección. En la proclamación de la resurrección prevalece la imagen del amor de Dios sobre la imagen de su enojo. La cruz y su sufrimiento se proclaman en relación con su resurrección. Lo que reina entonces en el sufrimiento de Dios y nuestro sufrimiento con él, no es la muerte, sino la promesa de una nueva creación.[212] Es un sufrimiento que valora la vida y no el sufrir por sufrir simplemente. Se toma la cruz en esa actitud de libertad.

Para Lutero, nuestro verdadero discipulado se encuentra en un abrazo a la cruz, en tener comunión con los sufrimientos de Cristo. De este modo pone el énfasis: "No es el que habla acerca de Cristo, sino el que vive en Cristo crucificado, quién será salvo."[213] En el pensamiento evangélico luterano, la gracia de Dios se manifiesta en esta afirmación soteriológica del Cristo que vive con nosotros y por nosotros el dolor de Dios en la presencia del Espíritu. Esta presencia de la gracia de Dios con su pueblo, nos obliga de manera concreta a buscar cómo se expresa y vive la salvación de Dios en relación con ese pueblo. Esto es de suma importancia para la afirmación de tener fe en Cristo. Mediante esta percepción cristológica podemos vivir los anhelos del pueblo crucificado. No es una opción de derrota, sino una en que vemos y sentimos la presencia de Cristo en nuestro caminar junto a él. Esta percepción nos llama a valorar la dignidad de todo ser humano en Cristo y a construir una nueva comunidad. Nuestro último capítulo de este estudio cristológico nos llevará a ver esa presencia del Cristo encarnado en nuestra realidad latina.

PREGUNTAS PARA REFLEXIÓN

1. ¿Cuál es la importancia en proclamar el dolor de Dios en nuestras comunidades latinas? ¿Qué cautela debemos de tener en proclamar esta realidad?
2. ¿Cómo nos ayuda el libro de Job en discernir el dolor de Cristo Jesús? ¿Cómo podemos aplicar este discernimiento en nuestras comunidades latinas?
3. ¿En qué consiste la cristología trinitaria de Lutero? ¿Cómo es Dios afectado y cómo no lo es? ¿Cómo nos ayuda explicar este entendimiento trinitario que Cristo Jesús es centro y poder en nuestras comunidades hispanas?
4. ¿Cuál es la gran diferencia entre el patripasionismo y el deipasionismo? ¿Cuál de las dos posiciones se puede indicar en la cristología de Lutero?

CAPÍTULO DIECISÉIS

LA PRESENCIA DE CRISTO JESÚS EN LO COTIDIANO

UN LLAMADO A LA COMUNIDAD CRISTIANA

En este capítulo veremos cómo Cristo Jesús, centro y poder de la comunidad cristiana, toma ese lugar en la fe de nuestro pueblo hispano-latino. El reconocido teólogo alemán Dietrich Bonhoeffer, en su obra *Life Together* (*Vida en comunidad*), nos ofrece la siguiente observación de cuán importante es la presencia del Cristo encarnado en nuestra obra de evangelización. Es en ésta que vivimos la presencia de la gracia de Dios recíprocamente: "El cristianismo significa [vida en] comunidad por medio de Jesucristo y en Jesucristo... El cristiano ya no vive por sí mismo o su propia justificación. El cristiano vive solamente por la palabra de Dios que le es proclamada. Mas Dios ha puesto esta Palabra en boca de otros seres humanos, para que la comuniquen a otros seres humanos. Cuando una persona recibe el impacto de la Palabra, desea proclamarla a otras personas. Ha sido la voluntad de Dios que busquemos y encontremos su Palabra viviente en el testimonio de un hermano [o hermana], en boca de otros seres humanos. Así que el cristiano necesita que otro cristiano le comunique la palabra de Dios a él. Necesita a su hermano o hermana toda vez que se siente inseguro o descorazonado... Necesita a su hermano como mensajero de la palabra divina de salvación... De este modo se nos aclara la meta de toda comunidad cristiana: se encuentran en uno [unidos] como mensajeros de la salvación. Como tales, Dios les permite que se conozcan y les da su vida en comunidad. Esta comunidad está fundada solamente en Jesucristo y su justificación."[214]

Para Bonhoeffer, lo mismo que para Lutero, llevar la palabra de Dios a otros concierne la presencia de Cristo encarnado. Es así la viva voz del evangelio. Nuestra presencia demuestra la presencia y el acompañamiento de Cristo junto a nosotros en ofrecimiento de amor verdadero a todo el mundo. La gracia de Dios está muy concretamente presente en esas relaciones en las que Cristo es el centro y poder de nuestra hermandad. Esto es esencial en el pensamiento de Lutero.

Martín Lutero afirma en Los Artículos de Esmalcalda, en la sección "Sobre el Evangelio", cómo se manifiesta la gracia de Dios por el evangelio en la obra de Dios. Existe una manifestación concreta de la gracia de Dios en la proclamación del evangelio. La palabra llevada oralmente por una persona, demuestra la presencia de Cristo. El sacramento del Santo Bautismo nos señala la muerte y resurrección de Cristo por nosotros. Demuestra cómo vivimos también esa gracia en relación con el mundo. La Santa Cena demuestra de una manera real y personal la manera en que Cristo Jesús nos ofrece su amor y comunión. Este sacramento, con la presencia de Cristo, nos satisface con la gracia de Dios en nuestras relaciones de hijas e hijos de Dios en un camino de vida nueva. Por medio del Oficio de las Llaves se debe vivir de manera concreta la presencia del poder de Cristo en nuestras vidas. Y Lutero añade otra dimensión que nos llena de la presencia de la gracia de Dios entre nosotros. Esa gracia se presenta "por medio de la conversación y la consolación mutua entre los hermanos".[215] La verdad es que no podemos predicar el evangelio y demostrar la gracia de Dios aparte del Cristo que vive en nosotros y con nosotros en nuestras relaciones en comunidad. Cristo y su gracia se manifiestan en esas relaciones humanas cuando vivimos en el amor de Dios.

Orlando Espín, en una reflexión sobre el pecado y la gracia de Dios, dirige nuestra atención hacia puntos importantes, para ver cómo se demuestra la gracia de Dios entre nuestro pueblo hispano.[216] De acuerdo con Espín, para proclamar la gracia de Dios es imprescindible vivir la experiencia de la gracia en nuestras comunidades. Corresponde, entonces, ver en qué radica la fe del pueblo de Dios y porqué. A la vez, tenemos que ver cómo esa fe se encuentra arraigada en nuestro Cristo encarnado. No nos podemos apartar, entonces, de nuestra cultura y circunstancia histórica. El mensaje de Cristo es relevante universalmente. Es así, pues se dirige a nuestro pecado en el contexto de nuestra situación humana. El pecado no es un concepto abstracto o ascético. Es algo real que hace impacto en nuestras vidas en el contexto de nuestras relaciones humanas y de comunidad.

Es imprescindible destacar que el mensaje de la encarnación en las Sagradas Escrituras nos muestra a Cristo Jesús siendo a la vez Dios y hombre. Su divinidad no se puede separar de su humanidad ni la humanidad de la divinidad. La encarnación es señal de que Dios nos trae un nuevo nacimiento con sus hechos y persona. La universalidad de Dios, su divinidad, nunca se expresa de manera abstracta sino de manera concreta. Es relevante en nuestras comunidades, donde nos relacionamos mutuamente en el trato diario de la vida. Esa es la señal de la dialéctica que se demuestra en la fórmula de Calcedonia. No se puede hablar de la divinidad de Dios si no notamos su particularidad, la presencia de un nuevo nacimiento entre nosotros. Ni tampoco podemos separar su encarnación de su mensaje universal de amor incondicional y relevante para todos los pueblos.[217] Por eso es necesario expresar la presencia de Cristo y de su gracia entre nosotros en "lo cotidiano". Lo cotidiano es el horizonte donde el pueblo recibe y experimenta un nuevo nacimiento en el Cristo encarnado.

LO COTIDIANO COMO CLAVE DEL NUEVO NACIMIENTO EN CRISTO

¿A qué nos referimos cuando hablamos de "lo cotidiano" como punto de partida de nuestra experiencia de Cristo entre nosotros? Lo cotidiano tiene que ver con lo que ocurre y recurre diariamente. Así que al hablar de que Cristo camina junto a nosotros, es muy importante referirnos a "lo cotidiano". Porque nuestras experiencias de gracia ocurren especialmente en nuestras relaciones humanas cuando caminamos con Jesús... Quiere decir que lo cotidiano se vive y experimenta en nuestras relaciones diarias mutuas. Pero no podemos reducir lo cotidiano a lo doméstico, al quehacer diario, ni a lo que es nuestro de manera privada y diaria.[218] Nuestras relaciones diarias constituyen el fundamento de nuestras relaciones comunes. Es en lo cotidiano en lo que Cristo, en su proclamación y gracia, señala un nuevo nacimiento y vida para nuestras familias y comunidades. La pregunta importante de nuestra reflexión cristológica a la luz de lo cotidiano es: ¿Qué cambio traerá la presencia de Cristo en la vida diaria de los pecadores? ¿Qué cambio ofrecerá también en la vida de los marginados?

En relación a nuestras comunidades hispanas, hemos tomado

como punto de referencia para nuestro entendimiento nuestro mestizaje y la religiosidad popular. Pero para captar la dinámica del pecado que mora en nosotros, y los cambios que tenemos que realizar a la luz de Cristo, no podemos prescindir del espacio inmediato en el que vivimos. Es a partir de allí que nuestra conciencia nace. Es a partir de allí que nos relacionamos cotidianamente con nuestras comunidades y sistemas sociales.[219] Éste es el punto clave o el horizonte para poder discernir y vivir la presencia de Cristo entre nuestras mujeres hispanas. No podemos ignorar en particular esta experiencia vivida por la mujer hispana, pues ella es, como afirma Ada María Isasi-Díaz, "lo cotidiano [que] abraza nuestras luchas y nuestras fiestas, nuestro nacimiento, vida y muerte..."[220]

Tenemos que entender que nuestras abuelitas y madres son, en nuestro medio cultural, intérpretes del mensaje bíblico, y del corazón y del pensamiento de Dios entre nuestras familias. Sus oraciones, en la circunstancia del dolor vivido, son muestras de verdadera fe en la bondad y el amor incondicionales de Dios entre nosotros.[221] Consecuentemente, la religiosidad popular de nuestro pueblo se encuentra arraigada en la fe, vivida y expresada, de nuestras abuelitas y madres en relación con lo cotidiano. Su religiosidad popular no es una mera fe mágica, sino una fe viva donde se ve patente cómo Dios les ofrece un nuevo día, un nuevo nacer en la circunstancia del hambre, de las enfermedades, y de la violencia que ellas experimentan en sus vidas. Es imprescindible hacer un estudio detenido de nuestro lugar como personas con relación a Dios y a la humanidad, para captar cómo nos alcanza el impacto de lo cotidiano. Tenemos que discernir cómo el pecado nos afecta a nivel social y moral, en nuestro propio cuerpo, en nuestras relaciones diarias, para percibir y vivir la gracia de Cristo entre nosotros. No podemos ignorar lo cotidiano en nuestra teología pastoral al predicar a Cristo Jesús como centro y poder de nuestra comunidad. Ignorar esto, es no ver el modo en que Cristo se encuentra en el contexto de nuestro mestizaje y religiosidad popular. Predicar a Cristo salvador, sin verlo como reconciliador en nuestra realidad cotidiana, es negarlo como verdadero libertador con su presencia, hecho hombre, entre nosotros.

CRISTO JESÚS EN NUESTRA REALIDAD COTIDIANA

Uno de los relatos que más impacto han hecho en mi vida de cristiano, es el del Padre de las Casas respecto al cacique Hatuey. El Dr. Andrés Larín, mi maestro de sexto grado, me introdujo en esta realidad de la necesidad de la presencia de Cristo en lo cotidiano. El Padre las Casas relata lo siguiente: "Un monje franciscano quería persuadir al cacique Hatuey a que se convirtiera al cristianismo antes de morir. [El cacique] le preguntó 'por qué' uno tiene que ser como los cristianos que son tan malos. El Padre le respondió: 'Pues todos los que mueren cristianos van al cielo, para contemplar el rostro de Dios y descansar.' [Hatuey] indagó de nuevo sobre si los cristianos van al cielo. El Padre le dijo que sí... El cacique finalmente le dijo que no deseaba ir al cielo, ya que ellos [los cristianos] iban y se encontraban allí. Esto sucedió en el momento en que se había decidido quemarlo vivo. Y así lo hicieron, con un fuego lento."[222]

En el contexto hispanoamericano los indios escucharon la predicación de Cristo Jesús, no como uno que llega a su circunstancia cotidiana para bendecir, sino como instrumento de opresión. Esta manera de pensar se encuentra todavía en el movimiento indígena del Perú. En ocasión de la visita de Juan Pablo II a ese país, le devolvieron una copia de la Biblia, por haber sido ésta durante cinco siglos un instrumento que no les había dado ni amor, ni paz, ni justicia.

La Biblia nos llegó formando parte de la transformación colonial impuesta. Fue el arma ideológica de este asalto colonial. La espada española que atacó y asesinó a los indios, de día y de noche, se convirtió en la cruz que atacó el alma indígena.[223] En el contexto colonial, la palabra del Cristo encarnado no llegó como mensaje de vida nueva con Dios y con el prójimo en sus relaciones humanas. La presencia de la cruz fue una señal de opresión.

La misma historia la encontramos con referencia a la población anglosajona que ocupó los territorios norteños de México. Para ellos, la Biblia llegó a ser un instrumento de expansión a fin de lograr que el pueblo hispano asimilase la nueva cultura. La cruz desnuda tomó el lugar del crucifijo, y se borró la imagen del Cristo que muere por nosotros.[224] Los nuevos colonizadores usaron la predicación de Cristo y la Biblia como el medio para traer un estilo de vida mejor, una cultura mejor. Lo más triste es que en esa manera de ser, se mira la manera de ser del indio humilde como inferior. Estas hermanas y hermanos eran oprimidos con estos símbolos y maneras de ser del extranjero con su mensaje del cristianismo. Cristo no llegó a ser aquél que vive en lo cotidiano, bendiciendo con su presencia a nuestro pueblo en su dolor y circunstancia, creando así una nueva realidad, un nuevo nacer en él, para que esa comunidad viviese libre en él, y no dominada. La cruz y su mensaje no llegaron a levantar la dignidad del oprimido, sino que impusieron una esclavitud. No resonó para ellos el mensaje de vida nueva y perdón de pecados por la muerte y resurrección de Cristo. Sus vidas, su espacio de vivir, fueron invadidos usando la cruz como símbolo de dominio, de imposición, y no de libertad.

Si realizamos un estudio de nuestra realidad hispana/latina en los EE.UU. de N.A., vemos que en la mayoría de los casos el hispano es tratado como un ser marginal. En nuestras iglesias, que subsisten fundadas en las Sagradas Escrituras y Cristo como Señor y Salvador, predicamos o demostramos a un Cristo abstracto, aunque lo confesamos como Dios y hombre. También predicamos acerca de la justificación y del amor, pero no damos la bienvenida al pueblo hispano junto a la cruz, como verdadero pueblo de Dios. El mensaje de Cristo se predica para ofrecer una ideología donde reina la cultura dominante, su manera de ser, como horizonte de lo que significa ser hijos de Dios. Eso ocurre porque no tomamos los horizontes de lo cotidiano y nuestro mestizaje, como punto de referencia y clave en nuestro discipulado.

Negar cómo Cristo vive en nuestro espacio de relaciones diarias, y negar su presencia y predominio sobre todos los pecados e influencias de maldad, es no predicar una cristología ortodoxa.

En la primera parte de este libro vimos cómo vive Jesús genuinamente su divinidad, su misión como Hijo de Dios relacionado con el Padre, por nosotros. Su mediación como Redentor lo coloca en nuestra realidad, de manera genuina y libre, llamando a que exista una relación genuina entre hermanas y hermanos en Cristo. Entregado a esa misión invita, por medio de obras y palabras, a que exista esta misma relación con todos los pecadores, y muy especialmente con los que están en una condición marginal. Es un llamado a que tomemos en serio lo cotidiano, nuestras relaciones, nuestra realidad presente, para abrir un espacio de genuina dignidad y vida para los desvalidos. Vivir la realidad de Jesús histórico es tomar en serio esta realidad en el drama de Dios. Cristo como galileo, como Hijo de Dios, nos induce a que tratemos los asuntos controvertibles de nuestro pueblo dentro de lo cotidiano. Si escuchamos las voces de ese pueblo, entonces nuestra misión pastoral, fundada en Cristo Jesús, nos hará escuchar esta clase de preguntas:

1. ¿CÓMO LLEGA A SER JESÚS DE GALILEA NUESTRO REDENTOR DENTRO DE LO COTIDIANO?

Tenemos que entender que la mayoría del pueblo hispano en los EE.UU. de N.A. vive como un pueblo emigrante, circunstancia en la cual les es difícil obtener una licencia para conducir. Sus hijos pueden obtener buenas calificaciones, pero si no tienen los documentos necesarios para residir en el país, no pueden asistir a la universidad. Si observamos nuestras relaciones cotidianas, vemos que existen muchos hermanos y hermanas cristianos que quieren recibir a nuestras familias, pero aprueban conductas injustas en el trato de nuestro pueblo hispano en su reclamo por ser una familia y un pueblo. Cristo nos llama a mostrar y a predicar la gracia de Dios en la realidad cotidiana, a hacer oír nuestra voz con firmeza contra esas condiciones de injusticia, al predicarlo como Redentor. No se puede predicar una gracia basada en el amor de Cristo que no produzca un impacto en nuestras relaciones humanas.

Como hispanos y latinos de este país, también tenemos que reconocer en esta manera de ser de Cristo a favor de nosotros, que muchas veces nuestros pecados se demuestran en lo cotidiano. Así sucede al impedirles a nuestras hermanas y hermanos, que vivan vidas en las que brilla el amor de Dios entre nosotros como señal de la presencia de Cristo, por su raza, su nacionalidad latina diferente de la nuestra, su educación o situación económica. Nuestras vidas y relaciones humanas tienen que demostrar la presencia de Cristo Jesús y el modo en que se relaciona con su Padre y nosotros. Nuestra confesión de Cristo Jesús tiene que expresar esta manera de ser de nuestro Salvador y Redentor.

2. ¿CÓMO LLEGA A SER CRISTO JESÚS UN INSTRUMENTO A FIN DE CREAR UN ESPACIO DE DIGNIDAD PARA NUESTRAS FAMILIAS EN LO COTIDIANO?

Es imprescindible, en esta proclamación de Cristo, poner énfasis en los relatos sobre María y José en relación con el nacimiento de Cristo. La revelación de ese nacimiento a María y José, es un punto clave para afirmar lo cotidiano en la realidad hispana/latina. Como afirma Lutero, la revelación mayor de Dios se encuentra en su "cuna y cruz.[225] María ve, pues, en el nacimiento de su hijo, un nuevo amanecer para el pueblo de Dios. Mediante el poder del Espíritu Santo, ella ve en Cristo a un salvador. Ella, como sierva de Dios, ve su posición humilde no como de poco valor, ni de sufrimiento vano. Como portadora del mensaje del nacimiento de Cristo Jesús, lo proclama como aquél que trae una nueva vida, una nueva realidad para nuestra circunstancia cotidiana. Esta proclamación de la promesa del nacimiento de su hijo crea nuevos espacios de libertad, en los que reinan la misericordia y presencia de Dios para todas las generaciones (Lucas 1:55).

El nacimiento de Cristo es, entonces, el punto de partida de su caminar junto a nosotros, y su muerte y resurrección la culminación de ese mensaje de perdón y paz. La proclamación del nacimiento virginal brinda a María el comienzo de lo cotidiano, a ella y al pueblo de Dios. Pero brinda el comienzo de un nuevo nacimiento también a José. José afirma el nacimiento virginal como punto de partida de nueva vida para él también. Al despertar de su sueño afirma la presencia de Dios entre ellos, y por consiguiente, afirma esta nueva relación de libertad, lo cotidiano, en la vida de María. Su lugar privilegiado no es una mariología, sino un nuevo comienzo, un nuevo nacer y libertad, para todo el pueblo de Dios (Mateo 1:20-24). Desde allí comienza el caminar de Jesús con nosotros relacionado con el Padre, caminar genuino que lleva a desbordar la voluntad del Padre entre nosotros. Es en ese caminar que Cristo Jesús muestra su absoluto amor y libertad, logrados para nosotros.

Tenemos que entender esta proclamación a la luz de lo cotidiano en nuestras comunidades hispanas. Es cierto que la vida de las mujeres hispanas en nuestras comunidades recibe el impacto, particularmente, de la responsabilidad de cuidar de sus hijos, alimentarlos, curarlos, educarlos, ver realizadas sus esperanzas de que puedan vivir libres con dignidad. Estas esperanzas son muy ansiadas, muchas veces en un clima de violencia doméstica y abandono por parte de sus esposos. Afirmar lo cotidiano en nuestra proclamación de Cristo Jesús es mostrar, vivir un espacio de relación en el que deseamos ver cómo Dios nos libera en pro de un nuevo vivir con dignidad para todos. Solamente en esta proclamación del evangelio lograremos la verdadera comunidad y poder de Dios para nuestras familias.

PREGUNTAS PARA REFLEXIÓN

1. ¿Cómo se manifiesta la gracia de Dios, y Cristo Jesús encarnado entre nosotros?
2. ¿Qué lugar ocupa "lo cotidiano" en proclamar a Jesucristo en nuestras comunidades?
3. ¿Cómo llega a ser Cristo Jesús nuestro redentor en "lo cotidiano"?
4. ¿Cómo impactan las narrativas sobre el nacimiento de Jesucristo en la proclamación a la luz de "lo cotidiano"?

CAPÍTULO DIECISIETE

CRISTO JESÚS, CENTRO Y PODER DE NUESTRO MESTIZAJE

No cabe duda que uno de los símbolos iconográficos más distorsionado en las iglesias de los EE.UU. de N.A. es la del Cristo crucificado y resucitado. Si miramos las figuras de ese Cristo, vemos que son las de un Cristo muy blanco, con ojos claros y pelo rubio. Cada vez que observo estas imágenes, éstas me hacen ver que en el conjunto de la predicación de Cristo se revela un Cristo de facciones de tipo europeo. El impacto más grande lo constituye el hecho de que ese Cristo implica mucho más. Implica que no se mira desde el punto de vista neotestamentario, sino desde un punto de vista ideológico fuera de la realidad hispana.

Es muy interesante lo que he observado en mis viajes por Hispanoamérica o en las comunidades hispanas-latinas en los EE.UU. He notado figuras de un Cristo moreno o negro. Lo cierto es que estas figuras de Cristo tienen más afinidad con el color de la piel y con la raza de Cristo Jesús. Así y todo, tenemos que tener cuidado de no excluir la presencia de Cristo de la adoración de nuestras hermanas y hermanos no hispanos. Pero estas figuras de un Cristo mestizo son un hito importante para la predicación de Cristo entre nuestro pueblo hispano.

En la primera parte de este libro hemos reflexionado sobre el mestizaje de Cristo. Su mestizaje significa que no pertenecía en realidad, de manera aceptable, al pueblo judío de Jerusalén. A Jesucristo lo encontramos en la periferia de su pueblo, por haber nacido en Galilea y tomado ésta como punto de partida para la misión de Dios. De la misma manera, a causa de la historia de la mayoría del pueblo hispano en los EE.UU. de N.A., y hasta en muchos lugares de Hispanoamérica, el pueblo se encuentra con una realidad marcada por su mestizaje. El color de la piel, o la cultura, recibe la influencia de la presencia de la raza y cultura de los europeos, quienes, como colonizadores, marcan a los genuinos habitantes de esas regiones como personas ubicadas en la periferia. Por ejemplo, en grandes zonas del suroeste y oeste de los EE.UU. de N.A., los descendientes de este mestizaje por nacimiento, se encuentran en las fronteras, en la periferia de la sociedad. Su pensar y su cultura son vistos como inferiores.

Como pueblo hispano tenemos que afirmar la realidad del mestizaje como nuestra realidad. Tenemos que entender que nuestra identidad no se encuentra ni aquí ni allá. Es imposible reflexionar aquí, profundamente, sobre la antropología cristiana con relación a nuestra hispanidad. Pero tenemos que hacer hincapié en el hecho de que somos aceptados, en la mayoría de los casos, como extraños o extranjeros en esta tierra, dentro de la realidad que en su mayor parte hemos vivido en los EE.UU. de N.A. De allí procede que la iglesia ignora nuestra realidad, o busca nuestra identidad en la predicación de un Cristo que nunca vivió en Galilea. No podemos ignorar la predicación de Jesús de Galilea, e identificar a nuestro Salvador en su encarnación y vida entre el pueblo de Galilea, porque es imprescindible para nuestra proclamación del Cristo crucificado y resucitado por nosotros. Para lograrlo, es necesario que reflexionemos respecto a la vida de Cristo en la realidad de nuestra religiosidad popular.

PROCLAMAR A CRISTO A LA LUZ DE NUESTRA RELIGIOSIDAD POPULAR

No cabe duda que nuestra confesión de Cristo Jesús expresa que es Dios y hombre. En nuestra confesión bíblica en cuanto a Dios, no queremos adorar a otros dioses o dar el mismo lugar de honor a otros seres humanos o santos. En el contexto del protestantismo, la fe evangélica de Lutero, Calvino y Zuinglio en las Sagradas Escrituras, fue reprobada por la religiosidad popular del pueblo europeo. El principio protestante de *Sola Scriptura* fue aplicado contra toda superstición, adoración de santos y reliquias religiosas.[226] En el pasado, pastores y obreros confesionales han predicado solamente contra esta religiosidad popular, denunciándola como sincretista y pagana. No cabe duda que se presta y se puede prestar a esto. Pero negar esta realidad en la vida del pueblo hispano, es negar la presencia del Cristo de Galilea y del Cristo crucificado por nosotros.

Para afirmar la realidad de la encarnación de Cristo Jesús, es muy importante conocer la religiosidad popular de nuestras comunidades hispanas.

La fe del pueblo de Dios hispano parte de esa religiosidad popular. Esa fe del pueblo de Dios está marcada por cierto sentimiento de fe, en el que el pueblo de Dios puede ver si la predicación de la presencia de Dios está marcada en realidad por un genuino amor de Dios por ese pueblo. La fe del pueblo de Dios puede ver si Dios, como creador, afirma su dignidad en la realidad de su mestizaje. El pueblo busca también ver cómo Dios transforma su situación de dolor en una de esperanza y paz. Unas de esas figuras de importante influencia de la religiosidad popular, es la de la Virgen de Guadalupe.

LA VIRGEN DE GUADALUPE COMO TESTIMONIO DE CRISTO POR NOSOTROS

En la historia de la expansión de la fe cristiana en México, se sabe que la afirmación de la Virgen de Guadalupe ocupa un lugar importantísimo. La Morenita es la manifestación de María como la Virgen mestiza de Guadalupe en Tepeyac, en 1531.[227] ¿Qué podemos apropiar de esta narración que señala la obra redentora de Cristo Jesús?

En primer lugar, antes del testimonio de esa aparición, la iglesia se encontraba completamente desconectada de la realidad del mestizaje del pueblo. El obispo español no le presta atención al pueblo y lo considera inferior. No quiere recibir al indio Juan Diego por ser mestizo e inferior ante sus ojos. Pero la muestra de la aparición de La Morenita marca que Dios se encuentra junto a los indios y los afirma, que quiere proteger y afirmar una vida nueva para ese pueblo y esos creyentes. Su presencia la señala como portadora del evangelio y del mensaje de Dios en el centro de la circunstancia de ese pueblo y de lo cotidiano. Quiere decir que tenemos que tomar esta narración seriamente.

Para Lutero, la virgen María ocupa un lugar muy importante en la proclamación de Cristo Jesús. Ella es, como madre de Dios, sierva del mensaje de Cristo Jesús. En su humildad proclama y afirma el amor de Dios para su pueblo.[228] Para Lutero, María es una teóloga de la cruz que afirma esa paradoja de llamar digno lo que es indigno e indigno lo que se llama digno ante ojos humanos. María afirma una teología de la gracia en la que revela la presencia del Dios encarnado en nuestra circunstancia. En los ojos de María Cristo Jesús nos llama y lleva al perdón, nos llama y lleva a la purificación, nos llama y lleva a vida nueva en la realidad de su nacimiento, muerte y resurrección. Sería importante, en mi opinión, no negar u ofuscar ese mensaje en la narración de la Guadalupe. La fe del pueblo de Dios en su religiosidad popular en la virgen, está marcada por este hecho. Esto se ve claramente si hacemos un estudio de la presencia de María en varios países de América Latina. Su presencia está marcada de manera concreta y particular en la vida, cultura y condición humana de cada pueblo, proclamando vida nueva en el nombre de Cristo.[229] Su caminar con el pueblo es expresar que Cristo está presente junto a ellos en su llanto y necesidad.

Esta realidad de la religiosidad popular la veo también muy presente en la afirmación de varios "santos" de la fe popular del pueblo de Dios. No creo en la adoración de santos, pero sí en la presencia de Cristo en esa realidad popular. Aquí se encuentra la praxis de todos los santos al caminar con Jesús. Esta religiosidad popular afirma especialmente al Cristo que nos acompaña en nuestros sufrimientos y problemas. Para presentar mis conclusiones de cuán importante es considerar la religiosidad popular en nuestra proclamación de Cristo, quiero concluir con una narración muy personal.

Mis raíces cristianas brotan en Cuba. Crecí en una Iglesia Católica Romana que estaba más bien inclinada a la celebración de la vida y el sufrimiento que al debate teológico. Mis padres me infundieron la religiosidad popular de mi familia. Cada 7 de agosto celebrábamos el día de mi santo, San Alberto de Cecilia, y también el santo y nombre de mi abuelo maternal. Mi segundo nombre es Lázaro. Fui bautizado con este nombre en honor al pobre mendigo de la parábola, quien es celebrado en Cuba como el santo más popular en la religiosidad del pueblo. Cuando descubrí el mensaje católico evangélico del luteranismo, encontré el mensaje maravilloso del amor incondicional de Cristo por mí. Aunque, también durante mi juventud, nunca pude reconciliar el significado de mi religiosidad popular con relación a mi fe evangélica. Es más, durante mi instrucción para ser confirmado, percibí que la fe de mis abuelos y padres era enemiga de mi fe en Cristo. Entonces comencé a rechazar o a ignorar la religiosidad popular de mi familia. Esta manera de ser creó cierta alienación con relación a ellos. Me llevó poco más de veinte años entender que la religiosidad popular de mi padre podía vivir como parte integral de su confesión de fe y salvación en Cristo Jesús, así como queda expresada en Romanos 3. La visión esencial de su religiosidad popular lo acompañó hasta el final de su vida. Lázaro no era un mero santo milagroso. Era aquél a quien Dios acompañó y que afirmó a mi padre en sus momentos de más grande necesidad y pobreza. Lázaro llevaba el emblema de Cristo en un ofrecimiento de esperanza y nueva vida a nuestro mestizaje. He visto también esta realidad manifestada respecto a Lázaro, en el pueblo salvadoreño.[230] Lázaro marca y simboliza el mensaje de salvación de Cristo por nosotros. Se encarna en nuestra realidad y relaciones humanas con una nueva esperanza de vivir. Tenemos que tomar la religiosidad popular de nuestro pueblo hispano en su relación con Cristo Jesús, nuestro Redentor y libertador. Es muy necesario incorporar estas aspiraciones y necesidades para un nuevo nacer en Cristo Jesús. Es mi esperanza que al discernir la religiosidad popular de nuestro pueblo, afirmemos a Cristo Jesús, como centro y poder de nuestra comunidad cristiana.

Nuestro caminar con el pueblo crucificado no será, entonces, un caminar en vano de sufrimiento, sino una afirmación del Cristo crucificado y resucitado, que vive como nuestro Emmanuel, Dios con nosotros. Aquí radica el poder y la comunión de nuestra comunidad cristiana.

PREGUNTAS PARA REFLEXIÓN

1. ¿Por qué tenemos que tomar en cuenta la realidad del mestizaje en la proclamación de Cristo en nuestras comunidades latinas?
2. ¿Cuál es la importancia de nuestra religiosidad popular en la proclamación de Cristo en nuestras comunidades latinas?
3. ¿Cuál es el lugar de la virgen María y de los santos en esa religiosidad popular? ¿Cómo podemos infundir esta realidad de una manera bíblica y evangélica en nuestra proclamación de Cristo Jesús como nuestro liberador?

EL CREDO APOSTÓLICO

Artículo segundo: La Redención

UNA CONFESIÓN DEL SEGUNDO ARTÍCULO DEL CREDO APOSTÓLICO PARA LA IGLESIA HISPANA

[Creo] ...en Jesucristo, su único Hijo, nuestro Señor, que fue concebido por obra del Espíritu Santo, nació de la virgen María, padeció bajo el poder de Poncio Pilato, fue crucificado, muerto y sepultado, descendió a los infiernos, al tercer día resucitó de entre los muertos, subió a los cielos, y está sentado a la diestra de Dios Padre todopoderoso, desde donde vendrá para juzgar a los vivos y los muertos.

¿Qué quiere decir esto?

Creemos que Jesucristo, verdadero Dios, hijo único y amado de nuestro Padre Creador y también verdadero hombre nacido de la Virgen María, es nuestro Redentor y libertador, pues mostró ese amor eterno para todos desde Galilea, y vivió entre su familia y con ella ese amor de Dios. Él nos ha conquistado y rescatado de todos los pecados, de la muerte, del diablo y de toda potestad maligna. Por tanto, nos acompaña con esa libertad en amor y afirmación de la dignidad de nuestra comunidad, de los pobres y los explotados. Su muerte fue de acuerdo a la voluntad de Dios. Su abandono en la cruz por Dios Padre marca que el enojo contra el pecado y la maldad deben tomarse muy en serio. En esa muerte nos llama a rechazar los poderes de la maldad y vivir sirviendo a otros con su amor. Su muerte y sufrimiento durante el gobierno de Pilato, revelan que su vida en afirmación de la voluntad de Dios es confrontada por el pecado y la maldad presente en nuestra comunidad y sociedad. Pero su cruz de sufrimiento es un llamado a la vida nueva, pues su destino es la gloriosa resurrección. Creemos que el pecado, la muerte y los poderes de la maldad no pueden prevalecer por causa de la muerte y la redención de Cristo. Hoy, sentado a la gloria del Padre, nos llama a ser santos testigos de su misión y de su justicia en el nombre de Dios. Así confesamos como pueblo de Dios.

NOTAS

[1] Andrés A. Meléndez, editor. "Artículos de Esmalcalda." *Libro de Concordia* (Saint Louis, MO: Editorial Concordia, 1989), p. 326.

[2] Jesús usa de una manera constante en los evangelios el título "Hijo del hombre" como una tercera persona. No obstante, en el contexto vemos que sus discípulos saben que se refiere a sí mismo. Estudiaremos posteriormente este título cristológico.

[3] El título Hijo de Dios es usado mayormente en los evangelios por los discípulos, los demonios, y los enemigos de Jesús, acerca de la persona de Jesús. También estudiaremos más adelante este título cristológico.

[4] Éste es el credo y la confesión más primitivos de la iglesia acerca de Jesús el Cristo. Este credo está referido muy particularmente a su vida de servicio y sufrimiento por nosotros. En esa vida totalmente de servicio es declarado por la iglesia como Señor, esto es, Dios. Vea especialmente el ensayo de Robert W. Jenson, "Jesus in the Trinity," *Pro Ecclesia: a Journal of Catholic and Evangelical Theology*, (vol. VII Summer, 1999) 3:308-318.

[5] Usamos los términos hispano y latino para referirnos a una población diversa en los EE.UU. de N.A. con raíces latinoamericanas y caribeñas que, aunque distintas, tienen en común ciertas características culturales como el idioma español, la familia, la religiosidad popular y otros.

[6] Ver por ejemplo, Elsa Tamez, "Cristología latinoamericana a la luz de los nuevos sujetos del quehacer teológico". *Vida y Pensamiento*, (vol. 20, 2000) 1:91-108. La obra editada por Orlando O. Espín y Miguel A. Díaz, *From the Heart of Our People. Latino/a Explorations in Catholic Systematic Theology*. (Maryknoll, New York, Orbis Books, 1999), puede ayudar a enfocar algunos de los temas importantes y comunes de los latinos en EE.UU. de N.A. con nuestros hermanos y hermanas en Hispanoamérica.

[7] La cita textual es: "Conocer a Cristo es conocer sus beneficios y no como ellos (o sea, los escolásticos) enseñan a percibir sus naturalezas y el modo de su encarnación." *The Loci Comunes of Philip*

Melanchthon, traducido por Charles Leander Hill (Boston: Meador, 1944), p. 68. Este escrito se considera la primera obra sistemática o dogmática de la Reforma. Está basado en discutir temas (*loci*) teológicos basados en la Carta a los Romanos del apóstol San Pablo.

[8] "Catecismo Menor", *Libro de Concordia*, p. 359.

[9] *Libro de Concordia*, p. 28.

[10] Roger Haight S. J., *Jesus Symbol of God* (Maryknoll, New York: Orbis Books, 1999).

[11] Augsburgische Konfession, Artikel III, Bekenntnisschriften (Göttingen: Dandehoed & Rupprecht, 1979), 44. El texto dice en latín: "vere passus, crucifixus, mortuus et sepultus, ut reconciliaret nobis Patrem." En alemán dice así: "dass er ein Opfer wäre nicht allein für die Erbsünde, sondern auch für alle andere Sünde, und Gottes Zorn versühnet."

[12] Martín Lutero, *Select Works of Martin Luther.* 4 Vols. Traducido y editado por Henry Cole. (London: T. Bensley, 1924-26), 3:184. Dice así en el original: "*...quod prior sit Christus homo, quam deus apprehendus, prior humanitatis eius Crux, quam divinitatis eius gloria petenda.*" En Martin Luther. *D. Martin Luthers Werke. Kritische Gesamtausgabe.* 58- Vols. (Weimar: Hermann Boehlus Nachfolger, 1883) 5:129, 9-10, se hará referencia a esta obra desde ahora en adelante como WA. Esta cita está tomada del segundo comentario de los "Psalmos" (1519-1521).

[13] Ver, por ejemplo, la obra cristológica más reciente del teólogo latinoamericano Jon Sobrino, *Jesucristo liberador: Lectura histórica-teológica de Jesús de Nazaret* (Madrid: Editorial Trota, S.A., 1991). También vea la obra seminal del teólogo mexicano Virgilio Elizondo, *Galilean Journey: The Mexican-American Promise* (Maryknoll, New York: Orbis, 1983).

[14] El verbo usado en la *Nueva Versión Internacional* (1999) es, "se rebajó voluntariamente". En la *Reina Valera* (1960), la traducción usada arriba y otras traducciones importantes como *La Nueva Biblia de Jerusalén* (Bilbao, España: Editorial Española Desclée de Brouwer, 1975), p. 1682, se prefiere el uso del verbo "se despojó a sí mismo." La nota ofrecida por *La Nueva Biblia de Jerusalén* sobre el uso del verbo aquí en griego, *ekénosen*, denota cómo está íntimamente relacionada la encarnación con el hecho de despojarse a sí mismo. Así explica: "El término *kenosis* procede del verbo griego que

significa 'vaciarse'. Esta expresión alude más bien al modo que al mismo hecho de la encarnación. Aquello de lo que Cristo se despojó no es la naturaleza divina, sino la gloria que de hecho le pertenecía y poseía en su preexistencia. Comp. Jn 17:5. Prefirió privarse de ella para recibirla sólo del Padre, comp. Jn 8:54, como premio de su sacrificio (p. 1682).

[15] "Catecismo Mayor", Parte II, p. 29. *Libro de Concordia*, *Op. Cit.*, p. 441. El Dr. David Scaer en su obra, *Christology. Confessional Lutheran Dogmatics* (Lake Mills, Iowa: International Foundation for Lutheran Confessional Research, 1989), vol. VI: 21, comienza con esta cita de Lutero para recalcar lo importante que es reconocer a Cristo Jesús como Dios en nuestra fe y obra pastoral.

[16] En el contexto del Antiguo Testamento y el concepto de "gloria", ésta solamente pertenece a Dios y es imposible obtenerla o verla cara a cara en nuestra humanidad. Por eso Moisés solamente puede ver "la espalda de Dios," que para Lutero es poner nuestra visión de Dios en Cristo Jesús y su cruz. Comp. Éxodo 33:21-23.

[17] Por ejemplo, Scaer en su obra *Christology* erróneamente atribuye a que seguir un estudio de la cristología desde abajo es afirmar una cristología baja (p. 8.). Comp. la diferente opinión de John P. Galvin en "Jesus Christ," en *Systematic Theology: Roman Catholic Perspectives.* Francis Schussler Fiorenza and John P. Galvin, editores (Minneapolis: Fortress Press, 1991), vol. I:254. Schussler observa: "Distinguir una cristología desde abajo a una desde arriba se refiere a dos diferentes puntos de partida y métodos de argumentación y no se debe confundir entre una cristología alta, que afirma la divinidad de Cristo, y una cristología baja, que no llega a hacer esta afirmación."

[18] Luis G. Pedraja, *Jesus is My Uncle: Christology from a Hispanic Perspective* (Nashville: Abingdon Press, 1999). Pedraja, de una manera constructiva y sistemática, hace una lectura del prólogo de San Juan a la luz del Jesús histórico. Estoy de acuerdo con su programa pero no con sus raíces filosóficas, fundadas en la Teología del Proceso, ni con su visión soteriológica. Luego comentaremos sobre este último punto.

[19] Juan T. Mueller, *Doctrina Cristiana.* Traducido por Andrés A. Meléndez. (Saint Louis, Missouri: Editorial Concordia, 1973). Ter-

cera edición, pp. 170-171. Esta obra es en realidad un compendio de la obra más extensa del Dr. Franz Pieper.

[20] Ibíd., pp. 195-196

[21] "Credo Apostólico" en *Libro de Concordia*, p. 18.

[22] Ibíd.

[23] Comp. Jon Sobrino, *Jesucristo liberador* y Virgilio Elizondo, *Galilean Journey*.

[24] Edward Schillebeeckx, *JESÚS: La Historia de un Viviente* (Madrid: Ediciones Cristiandad, 1981), pp. 519-521. Comp. también la obra de David P. Scaer, *Christology*, pp 32-42. Scaer menciona éstos y otros argumentos en su afirmación del nacimiento virginal.

[25] Comp. Scaer, *Christology*, p. 34.

[26] Comp. especialmente Carl E. Braaten, "The Person of Jesus Christ," en *Christian Dogmatics*. Editada por Carl E. Braaten y Robert W. Jenson (Philadelphia: Fortress Press, 1984), vol. I:469-569. La obra a que me refiero es: Wolfhart Pannenberg, *Jesus-God and Man* (Philadelphia: Westminster Press, 1977). Segunda edición. Fue publicada originalmente en alemán con el título: Grundzüge der Christologie (1964).

[27] Pannenberg, *Jesus-God and Man*, p. 146.

[28] Ibíd., pp. 88-108.

[29] Braaten, *The Person of Jesus Christ*, p. 547.

[30] Ibíd.

[31] Karl Barth, *Church Dogmatics* (Edinburgh: T & T Clark, 1936-1977), vol. 1/2: p. 149.

[32] Barth, *Church Dogmatics* (Edinburgh: T & T Clark, 1936-1977), vol. 1/2: p. 149.

[33] Pannenberg, *Jesus-God and Man*, pp. 144-45.

[34] Ibíd., p. 45. Comp. Martín Lutero, "El Magnificat". *Obras de Lutero*, (Argentina: Editorial La Aurora, 1979), Volumen 6:389-90.

[35] Roberto Goizueta, "A Christology for a Global Church", *Beyond Borders: Writings of Virgilio Elizondo and Friends* (Maryknoll, New York: Orbis, 2000), p. 154. Goizueta se basa en estudios como el de Douglas Edwards, "The Socio-Economic and Cultural Ethos of the Lower Galilee in the First Century", *Galilee in Late Antiquity*. Editado por Lee I. Levine (New York: Jewish Theological Seminary of America, 1992).

[36] Ibíd., p. 153. Goizueta se basa aquí en el estudio de Richard A. Horsley, *Archeology, History and Society in Galilee: The Social Context of Jesus and the Rabbis* (Valley Forge, Pennsylvania: Trinity International Press, 1996).

[37] Ibíd., pp. 153-54.

[38] Martín Lutero, "La Disputación de Heidelberg", *Obras de Martín Lutero*. Editada por Manuel Vallejo Díaz (Buenos Aires: Publicaciones el Escudo, 1967), vol. 1, p. 31.

[39] En griego "el tiempo" es *jo kairós* que significa, un tiempo marcado como muy especial, o indicado por Dios.

[40] En griego se usa el verbo imperfecto *eggiken* que significa que el reino de Dios está presente y muy cerca, pero no completamente manifestado.

[41] Comp. Scaer, *Christology*, p. 47; Sobrino, *Jesus the Liberator*, p. 67.

[42] Comp. Mr 2:7, un texto paralelo a Mr 9:3. Allí leemos "¡Está blasfemando! ¿Quién puede perdonar pecados sino sólo Dios?"

[43] Cullmann, *The Christology of the New Testament*, p. 161.

[44] Scaer, *Christology*, p. 45.

[45] En Mr 14: 62 Jesús responde: -Sí, yo soy-. Es importante observar que el nombre más sagrado usado para designar a Dios en el Antiguo Testamento es Yahvé, *YHWH* (en hebreo). Este nombre proviene del verbo "ser", de allí la propia designación de Dios ante Moisés, "–YO SOY EL QUE SOY" (Éx 3:14). Podemos observar que en el Evangelio según San Juan, Jesús se refiere a sí mismo de la misma manera (comp. Jn 10:6, 11; 14:6; 15:1).

[46] Cullmann, *The Christology Of the New Testament*, pp. 275-305. La Carta a los Hebreos y Pablo lo usan también, aunque Pablo prefiere el título *kyrios*, "Señor", en sus cartas.

[47] Braaten, *The Person of Jesus Christ*, p. 483.

[48] Johannes Weiss, *Jesus' Proclamation of the Kingdom of God* (Philadelphia: Fortress Press, 1971), Albert Schweitzer, *The Quest of the Historical Jesus* (New York: The McMillan Company, 1961.)

[49] No estudiaremos las conclusiones de Rodolfo Bultmann, Karl Barth, Emil Brunner, Friedrich Gogarten, teólogos dialécticos. Ellos hicieron de las conclusiones de Weiss y Schweitzer un problema de interpretación, de hermenéutica, e interpretaron el signi-

ficado escatológico del reino de Dios de una manera existencial, fuera de la historia.

[50] Braaten, p. 486. Comp. las obras de Ernst Bloch, *Man on his own* (New York: Herder & Herder, 1970, y *Atheism in Christianity* (New York: Herder & Herder, 1972).

[51] Gustavo Gutiérrez, *Teología de la Liberación* (Salamanca: Ediciones Sígueme, 1972). Hay que notar especialmente los cc. 9, 11 y 12.

[52] Ibíd, pp. 68-69. Ver el énfasis sobre este tema en Jon Sobrino, *Jesus the Liberator*, pp. 121-25.

[53] Comp. especialmente Wolfhart Pannenberg, *Teología y reino de Dios* (Salamanca: Ediciones Sígueme, 1974), pp. 41-84. También la obra clásica de Gustaf Dalman, *The Words of Jesus* (Edimburgh: T & T Clark, 1909).

[54] *Libro de Concordia*, p. 455.

[55] Sobrino, *Jesus, the Liberator*, pp. 82-83, 100.

[56] Comp. Martín Lutero, "Catecismo Mayor", *Libro de Concordia*, p. 383.

[57] Martín Lutero, "Two Kinds of Righteousness", *Luther's Works*. Editado por Harold J. Grimm (Philadelphia: Fortress Press, 1979). Career of the Reformer I:304.

[58] Martín Lutero, "The Blessed Sacrament of the Holy and True Body of Christ", *Luther's Works*, editado por Theodore Bachmann, (Philadelphia: Fortress Press, 1960. *Word and Sacrament: I*, vol. 35:54.

[59] Jon Sobrino, *Jesus the Liberator*, p. 196

[60] Mark W. Wessel, *Mark*, *The Expositors Bible Commentary* (Grand Rapids, Michigan, 1984) 8:764. Wessel observa: "La palabra *Abba* es la forma íntima aramea de padre (papi), palabra que los judíos no usaban para dirigirse a Dios, pues no era respetuoso. Como Jesús era el Hijo de Dios único y se encontraba en las relaciones más íntimas con él, le era natural usar ese término."

[61] G. Buechsel, "lútron" en *Theological Dictionary of the New Testament*, editado por Gerhard Kittel (Grand Rapids, Michigan: William E. Eerdmans, 1972), IV:342-43; Wessel, *Mark*, pp. 720-21.

[62] Algunos escritores críticos han tratado de leer el rescate (*lútron*) en Marcos como tomado de la teología paulina. Esto es imposible, ya que el término *lútron* no aparece en las cartas de

Pablo. Sería imposible que Marcos, de una manera brillante, haya resumido en una palabra la teología de Pablo, para entonces atribuirla a Jesús. Se ve más razonable, entonces, que esta palabra es propia de la proclamación de Jesús. Comp. Wessel, *Mark*, p. 721.

[63] Buechsel, "lútron" en *Theological Dictionary of the New Testament*, pp. 343-49 presenta un excelente análisis del rescate y la redención de Cristo.

[64] Comp. Jürgen Moltmann, *The Way of Jesus Christ* (Minneapolis: Augsburg Fortress Press, 1993), pp. 170-81.

[65] Ibíd., pp. 160-64.

[66] Comp. nota 60 sobre el uso de la "sangre derramada por muchos".

[67] Sobrino, *Jesus the Liberator*, pp. 196-97.

[68] Así lo interpretan algunos exegetas en estudios recientes, como Alan Culpepper en *The Gospel and Letters of John* (Nashville: Abingdon Press, 1998), pp. 291-94.

[69] Sobrino, *Jesus the Liberator*, p. 199.

[70] Moltmann, *The Way of Jesus Christ*, p. 163.

[71] No nos tomaremos el tiempo de discernir de manera exegética estos textos. Los textos claman que era indudable el hecho de la resurrección de Cristo como base fundamental de la predicación de la Iglesia Primitiva.

[72] Sobre diferentes interpretaciones históricas de la resurrección ver la obra de Pannenberg, *Jesus-God and Man*, pp. 88-114.

[73] Ver también Isaías 26:19.

[74] Ver especialmente a Raymond E. Brown, *The Gospel according to John, XIII-XXI* (New York: Doubleday, 1970), II:1034-47.

[75] Leopoldo Sánchez ofrece de manera más extensa un estudio de esta realidad en su libro *Pneumatología* (Saint Louis, MO: Editorial Concordia, 2005).

[76] Braaten, *Christian Dogmatics*, I:497.

[77] Comp. especialmente la Metafísica, Libro Theta, c. 8, de Aristóteles. La influencia del platonismo y neoplatonismo es mayor en este período de desarrollo. Así y todo, Aristóteles influye en la teología medieval. Su Dios no es un Dios que escucha el dolor de su pueblo en opresión como Yahvé en Éxodo. Es importante aclarar que en la filosofía platónica el creador del mundo no fue el Dios supremo sino un ser subordinado, "el Demiurgo". Comp. Reinhold

Seeberg, *Manual de Historia de las Doctrinas* (El Paso, Texas: Casa Bautista de Publicaciones, 1967), I:101-111.

[78] *Libro de Concordia*, p. 18.

[79] Ibíd.

[80] Ibíd.

[81] Braaten, *Christian Dogmatics*, I:500.

[82] Justo L. González, *Historia del Pensamiento Cristiano* (Buenos Aires: Methopress, 1965), I:350.

[83] Ibíd.

[84] Ibíd. Orígenes, de la escuela de Alejandría, fue uno de los pocos teólogos que pudo lograr un equilibrio entre la unidad importante del Padre y del Hijo con la de la subordinación del Hijo al Padre, en una tensión dialéctica, rescatándolo del docetismo y el adopcionismo. Esta línea desafortunadamente no fue mantenida por los seguidores de Orígenes de izquierda y derecha. Comp. H. Schwarz, *Christology*, pp. 142-43 y J. González, *Historia del Pensamiento Cristiano*, I:235-38.

[85] J. González, *Historia del Pensamiento Cristiano*, I:308.

[86] Ibíd., I:350.

[87] Hans Schwarz, *Christology*, p. 152. La cita está tomada de los Fragmentos 10 de Apolinario.

[88] Ibíd. Comp. Dietrich Bonhoeffer, *Christ the Center* (San Francisco: Harper San Francisco, 1978, pp. 76-77. Bonhoeffer observa que para Apolinario el *Logos* ciertamente tomó nuestra carne (*sarx*) y nuestro espíritu (*psyche*) pero no nuestro *nous*, donde radica nuestro pensar, y nuestra individualidad cultural. Así que, en esta posición, Cristo Jesús no vive como un individuo en un contexto cultural. Consecuentemente, no puede vivir por y con nosotros. Cristo llega a ser una apariencia abstracta en la carne humana, que solamente se puede conocer en nuestra manera abstracta o idea de pensar respecto de él.

[89] Comp. J. González, *Historia del Pensamiento Cristiano*, I:374-387 y Reinhold Seeberg, *Manual de la Historia de las Doctrinas*, I:267-87. Esta posición se desarrolla en oposición a la escuela antioqueña como la de Nestorio en reacción al Concilio de Éfeso, (428).

[90] Braaten, *Christian Dogmatics*, I:499.

[91] Ibíd., I:499-450.

[92] Comp. H. Schwarz, *Christology*, pp. 7-71. Para descubrir estas líneas adopcionistas en teólogos más recientes, D. Bonhoeffer observa que el adopcionismo aparece de modo diferente en la teología de Friedrich Schleiermacher, en su obra sistemática *La Fe Cristiana*, obra germinal para el protestantismo liberal de los siglos 19 y 20. D. Bonhoeffer, *Christ the Center*, pp. 80-81.

[93] Seeberg, *Manual de la Historia de las Doctrinas*, I:170.

[94] Braaten, *Christian Dogmatics*, I: 500-501. Comp. Seeberg, I:168-74.

[95] J. Gonzalez, *Historia del Pensamiento Cristiano*, I:264-67.

[96] Braaten, *Christian Dogmatics*, I:503.

[97] J. González, *Historia del Pensamiento Cristiano*, I:348-49. H. Schwarz, *Christology*, pp. 153-54.

[98] H. Schwarz, *Christology*, p. 154. Comp. especialmente Nestorio, "Primer Sermón contra Theotokos."

[99] J. González, *Historia del Pensamiento Cristiano*, I:364-71.

[100] Braaten, *Christian Dogmatics*, I:504.

[101] J. González, *Historia del Pensamiento Cristiano*, I:371.

[102] Ibíd.

[103] Ibíd. Paul Althaus ve que al aceptar Lutero y el luteranismo la *anhipostasia* de la naturaleza humana, gana el monofisismo en esta posición. Para Althaus, "no podemos separar la naturaleza de la persona. La personalidad humana es un importante constituyente de la naturaleza humana". Kart Barth defiende la *anhipostasia* de la naturaleza humana ya que tiene que ser relacionada con la presencia *enhipostasia* de la personalidad de la divinidad. Para Barth, y veo esto como acertado, lo que la *anhipostasia* niega es que la naturaleza humana de Cristo Jesús existió o existe por sí misma aparte del Verbo, del *Logos*, y la *enhipostasia* afirma que Jesús tiene existencia personal pero únicamente en y por medio del Verbo. Comp. Braaten, *Christian Dogmatics*, p. 506. Kart Barth, *Church Dogmatics* (Edinburgh: T & T Clark, 1958) 4/2:49-50, 91-92.

[104] H. Schwarz, *Christology*, 155-56.

[105] J. González, *Historia del Pensamiento Cristiano*, I:379; H. Schwarz, *Christology*, p. 156.

[106] J. González, *Historia del Pensamiento Cristiano*, I:379.

[107] Ibíd. Tertuliano usaba como sinónimos "naturaleza" y "sustancia". Esto era común en la cristología occidental de su tiempo.

[108] *Libro de Concordia*, p. 28. Aquí vemos claramente la fe de Calcedonia: "Dos naturalezas, la divina y humana, están tan inseparables en una persona de modo que son un solo Cristo." Éste fue unos de los artículos aceptados por *La Confutación*, escrita por los teólogos católicos en respuesta a la Confesión de Augsburgo. Siendo ésta la primera confesión evangélica, influenció a otras confesiones evangélicas.

[109] La cita fue tomada de tres recursos: C. Braaten, *Christian Dogmatics*, I:505; J. González, *Historia del Pensamiento Cristiano*, I:385-86; H. Schwarz, *Christology*, pp. 157-158.

[110] H. Schwarz, *Christology*, pp. 157-158. D. Bonhoeffer nos advierte que esto debe ser dejado como un misterio y debe ser entendido de esta manera. Esta fórmula debe ser reservada como un acto de fe. "Con sus formulaciones negativas", observa Bonhoeffer, "es la aserción conciliar teológica ideal. Preserva con claridad y en paradoja la aserción viviente de lo que va a ser desde ese momento la doctrina ortodoxa: Cristo es una persona en dos naturalezas". Pero, por ser así, Bonhoeffer pide que tengamos cuidado de poner tanto énfasis en un idioma de sustancia para expresar la actividad de las dos naturalezas y, por hacerlo, menospreciemos u ofusquemos el misterio. Comp. D. Bonhoeffer, *Christ the Center*, pp. 88-89.

[111] Ibíd., pp. 158-159. Recomiendo Phillips Jenkins, *The New Christendom: The Coming of Global Christianity* (Oxford: University Press, 2002). Jenkins demuestra cómo las iglesias nestorianas crecen y crecerán, lo mismo que el cristianismo ortodoxo, en lugares como África y Asia.

[112] John P. Galvin en *Systematic Theology: Roman Catholic Perspectives*, I:273.

[113] *Libro de Concordia*, pp. 18-19.

[114] J. P. Galván, *Systematic Theology*, I:274.

[115] Karl Rahner, "Current Problems in Christology" en *Theological Investigations* (New York: Seabury Press, 1974), I:149-200.

[116] D. Bonhoeffer, *Christ the Center*, p. 89.

[117] "Fórmula de Concordia", Artículo VII: "La Santa Cena" y Artículo VIII: "La Persona de Cristo" en *Libro de Concordia*, pp. 614-63.

[118] "Catecismo Menor", *Libro de Concordia*, p. 359.

[119] Helmut Thielicke, *The Evangelical Faith* (Grand Rapids, MI: William B. Eerdamans, 1977), 2:324. Thielicke toma aquí la referencia de *Von den Konzils und Kirchen*, en que comenta sobre Lucas 2 (WA, 10, I, 1, 68).

[120] *Libro de Concordia*, pp. 651-52.

[121] R. Seeberg, *Manual de Historia de las Doctrinas*, I:172-73.

[122] H. Thielicke, *The Evangelical Faith*, 2:326-27. La reflexión que sigue es tomada de Thielicke. En el c. 15 trataremos el tema del patripasionismo y cómo Lutero lo evita en su afirmación del dolor de Dios en su posición trinitaria. Esto es esencial para afirmar la esperanza del "pueblo crucificado".

[123] H. Thielicke, II:326.

[124] H. Thielicke, II:326-327. Comp. Martín Lutero, "Confesión mayor acerca de la Santa Cena", en *Luther's Works, Word and Sacrament* (Philadelphia: Fortress Press,1961) 37:151-372. Todo el volumen está dedicado a la controversia con Carlstadt, Oecolampadio y, especialmente, con Zuinglio.

[125] *Libro de Concordia*, p. 643.

[126] Martín Lutero, *Luther's Works*, 37:214-223.

[127] Ibíd., II:223.

[128] Ibíd., II:224.

[129] H. Thielicke, *The Evangelical Faith*, II:327.

[130] Comp. *La Fórmula de Concordia*, 651.43, en que se cita "La Confesión Mayor acerca de la Santa Cena", de Lutero. Aquí Lutero critica esta posición de Zuinglio.

[131] Ibíd.

[132] Ibíd., 647.21. Aquí se traduce como "un artificio del diablo". Por eso Lutero pone énfasis en que Dios se hace presente entre nosotros en "cuna y cruz". Comp. *Luther's Works*, vol. 37:61.

[133] Comp. Juan Calvino, *Institutes of the Christian Religion* (Philadelphia: The Westminster Press, 1960), I:482-93.

[134] Ibíd., I:482-83.

[135] Carl Braaten, *Church Dogmatics*, I:508. Para un estudio detallado de la defensa de Calcedonia por los calvinistas tenemos la obra de Francisco Lacueva, *La Persona y la Obra de Jesucristo. Curso de Formación Evangélica* (Barcelona, España: CLIE, 1986), IV:37-61. Como observa Lacueva: La Iglesia Anglicana, la Confesión de Fe de Westminster y el Catecismo de Heidelberg afirman la fe de Calce-

donia. Todo en Lacueva acusa así a Lutero de monofisismo y defiende la doctrina de que "por la encarnación, el Verbo de Dios no queda encerrado en la humanidad de Dios, puesto que conserva su divina infinidad y omnipresencia" (p. 59). En otras palabras, defiende lo que los luteranos hemos nombrado el "*extra-calvinisticum.*" Comp. abajo cita 143.

[136] J. Calvino, *Institutes of the Christian Religion*, II:1398-99.

[137] Ibíd., II:1401-08.

[138] Ibíd., II:1403.

[139] Comp. arriba cita 58 donde se nota esta realidad de encarnar en la Santa Cena en la teología de Lutero.

[140] "Fórmula de Concordia" VIII, 649-50.30-36 en *Libro de Concordia.*

[141] Ibíd., VIII, 652.46.

[142] Ibíd., VIII, 653.51-53.

[143] Carl Braaten, *Church Dogmatics*, I:509.

[144] Comp. Braaten, *Church Dogmatics*, I:509-511. Narra la controversia de las escuelas de Giessen y Heidelberg. La escuela de Giessen puso énfasis en el estado de humillación de Cristo (*status exinanitonis*), limitando los atributos divinos en la humanidad de Jesús. Los de Tubingia no toleraban la limitación de lo divino en la humanidad de Jesús y, consecuentemente, optaron por mantenerla en el estado de humillación en secreto. Así que los teólogos de Tubingia limitaron la *kenosis* de Jesucristo. Comp. cita 14.

[145] Carl Braaten, *Church Dogmatics*, I:510.

[146] Ibíd., I:510.

[147] Ibíd., I:510-11.

[148] D. Bonhoeffer, *Christ the Center*, p. 106.

[149] Ibíd, p. 106.

[150] *Libro de Concordia*, 18.

[151] Ibíd., p. 28. Comp. cita 11.

[152] Ibíd., p. 28.

[153] WA 5:58, 17-18.

[154] Comp. Francis Pieper, *Christian Dogmatics* (Saint Louis: Concordia Publishing House, 1953), II:330-33. Aquí Pieper desarrolla el tema tomando principalmente los teólogos luteranos del siglo 17 como Quenstedt. Pero vemos que éste es un tema importante para J. Calvino en su *Institutes of the Christian Religion*, I:494-503.

[155] F. Pieper, *Christian Dogmatics*, II:332-33.

[156] H. Thielicke, *The Evangelical Faith*, II:356.

[157] H. Thielicke, *The Evangelical Faith*, II:362-63. Tanto Bonhoeffer, como Lutero, ponen el énfasis en que la cristología no es soteriología, ya que la obra de Cristo depende de su persona (Comp. *Christ the Center*, pp. 37-38, 44-45).

[158] J. Sobrino, *Jesus the Liberator*, p. 220.

[159] Comp. M. Lutero, "La Libertad Cristiana", *Obras de Martín Lutero* (Buenos Aires: Publicaciones el Escudo, 1967), I:167.

[160] H. Schwarz, *Christology*, pp. 162-63.

[161] Ibíd., p. 163.

[162] Ibíd., p. 163.

[163] Ibíd., pp. 164-165.

[164] H. Schwarz, *Christology*, p. 165. Citado de *Cur Deus Homo?* 1.11, 84. Mi traducción es del texto inglés.

[165] Ibíd., p. 165.

[166] Ibíd., pp. 166. Citado de *Cur Deus Homo?*, 2.6, 124. Mi traducción.

[167] Gustaf Aulén, *Christus Victor* (New York: The MacMillan Co., 1969), p. 118.

[168] Martín Lutero, *Obras de Martín Lutero*. Traducida por Carlos Witthaus (Buenos Aires: Editorial Paidós, 1967), I:31.

[169] Ibíd., I:155.

[170] Ibíd., I:167.

[171] Ibíd., I:167.

[172] H. Schwarz, *Christology*, p. 167.

[173] Ibíd., p. 167. Citado por Schwarz de la obra de Abelardo sobre Romanos.

[174] Ibíd., Comp. también Aulén, *Christus Victor*, pp. 95-97.

[175] Samuel Solivan, *The Spirit Pathos and Liberation* (Sheffield, England: Sheffield Academic Press,1998), pp. 80-86.

[176] Luis Pedraja, *Jesus is My Uncle*, p. 50.

[177] H. Schwarz, *Christology*, p. 254.

[178] Ibíd. A esta teoría se le ha dado el nombre de "recapitulación", por ser Cristo el re-encabezamiento de la nueva humanidad.

[179] G. Aulén, *Christus Victor*, pp. 61-80.

[180] M. Lutero, "La Libertad Cristiana", *Obras de Martín Lutero* (Buenos Aires: Publicaciones el Escudo, 1967), I:150. Lutero man-

tiene esta posición muy claramente en sus comentarios del Salmo 22 en su "Operationes in Psalmos", 1519. Comp. WA 5, 607, 25, 608.

[181] Leonardo Boff, *Jesucristo y la Liberación del Hombre*, (Madrid: Ediciones Cristiandad, 1981), pp. 95-102.

[182] Boff, *Jesucristo y la Liberación del Hombre*, pp. 95-102; Jon Sobrino, *Jesus, The Liberator*, pp. 12-14.

[183] Jürgen Moltmann, "The Crucified God Yesterday and Today: 1972-2004" en Jürgen Moltmann and Elisabeth Moltmann Wendel, *Passion for God: Theology in Two Voices* (Louisville: Westminster and John Knox Press, 2003), pp. 77-78.

[184] Ibíd., p. 77.

[185] Pablo, en Romanos, reflexiona y cita varios salmos en este contexto: Salmos 14:1-3; 53:1-3 y Eclesiastés 7:20.

[186] Ada María Isasi-Díaz, "Reconciliation: A Religious, Social, and Civic Virtue". *Journal of Hispanic/Latino Theology* (vol. 8, No. 4, Mayo, 2001), pp. 5-28.

[187] Ibíd., p. 5.

[188] Ibíd., p. 7. Esta cita fue tomada de Dagoberto Valdés Hernández, "Hacia la reconciliación nacional", *Vitral* 32 (July-August 1999). Ésta es mi traducción del texto inglés.

[189] Isasí-Díaz, p. 7.

[190] Gustavo Gutiérrez, Teología de la Liberación, p. 69. Comp. también Orlando Espín, "An Exploration into the Theology of Grace and Sin" en *From the Heart of Our People: Latino/a Explorations In Catholic Systematic Theology*. Editado por Orlando O. Espín y Miguel H. Díaz (Maryknoll, New York: Orbis Books, 1999), pp. 121-52. Espín explora la necesidad de tocar el tema del pecado de una manera concreta hacia una discusión de la gracia de Dios y la reconciliación.

[191] Ésta es una cita tomada de sus "Operationes in Psalmos" de 1519-21, WA 5:58, 17-18.

[192] Comp. especialmente la obra de Gustavo Gutiérrez, *On Job: God-Talk and the Suffering of the Innocent* (Maryknoll, New York: Orbis Books, 1988).

[193] Ignacio Ellacuría, "The Crucified People" en *Systematic Theology: Perspectives from Liberation Theology* (Maryknoll, New York, 1998), p. 257.

[194] Ibíd., pp. 257-58.

[195] Ibíd., pp. 265-66.

[196] Ibíd., pp. 263-64.

[197] J. Moltmann, *Passion for God: Theology in Two Voices*, pp. 77.

[198] Ibíd., p. 78.

[199] Kazoh Kitamori, *Theology of the Pain of God* (Richmond, Virginia: John Knox Press, 1965), p. 45. Kitamori sigue aquí los estudios de Lutero de Theodosius Harnack, *Luthers Theologie* (Munchen: Christoph Kaiser, 1927), 2:76-84; 242-23. Este pensamiento trinitario es captado especialmente en los sermones de Lutero.

[200] Kitamori, p. 45.

[201] Ibíd. Comp. M. Lutero en WA 45, 415.

[202] LW 42, 99-115; WA 2, 685-97.

[203] LW 42, 105; WA 2, 690.

[204] LW 42, 107.

[205] Comp. la obra de Lutero, "Confesiones sobre la Santa Cena", WA 266, 317, 6ss; LW 37, 209-10. Este punto de vista se afirma también en la "Fórmula de Concordia".

[206] Marc Lienhard, *Luther: Witness to Jesus Christ*, (Minneapolis: Fortress Press, 1982), p. 111. Comp. LW 42, 13; WA 2, 140.

[207] Ibíd., 171. Comp. WA 10/III, 73.

[208] Ibíd., 171. Comp. Paul Althaus, *The Theology of Martin Luther* (Philadelphia: Fortress Press, 1966), p. 197.

[209] Regin Prenter, *Spiritus Creator* (Philadelphia: Muhlenberg Press, 1953), pp. 27-32.

[210] Kitamori, pp. 81-82.

[211] Lutero escribe lo siguiente en su interpretación del Salmo 3:2 en su "Operationes": "El Espíritu Santo enseña a cada fiel predicador en la iglesia, que el reino de Dios no se realiza en palabra sino en poder", 1 Corintios 4:20. Para Lutero, la acción y los frutos de vida en el discipulado de la cruz, son más importantes que las explicaciones teológicas. WA 5, 40, 13-18.

[212] Lienhard, pp. 119-21.

[213] WA 5, 81, 5-9.

[214] Dietrich Bonhoeffer, *Life Together*, (San Francisco: Harper San Francisco, 1995), pp. 21-23.

[215] *Libro de Concordia*, p. 321.

[216] Orlando O. Espín, "An Exploration into the Theology of Grace and Sin", en *From the Heart of our People*, pp. 121-52.

[217] Comp. mi ensayo "Christological Reflections on Faith and Culture" en *Christ and Culture in Dialog*. Editado por Angus Menuge, Alberto L. García et. al. (Saint Louis: Concordia Publishing House, 1999).

[218] O. Espín, *From the Heart of Our People*, pp. 124-27.

[219] A. M. Isasi-Díaz, "Lo Cotidiano: A Key Element of Mujerista Theology", pp. 6-9.

[220] Ibíd., p. 17.

[221] O. Espín, *From the Heart of Our People*, p. 129.

[222] Bartomolé de las Casas, *Historia de las Indias*, libro 2, c. 25. Citado en Gustavo Gutiérrez, *Las Casas: In Search of the Poor of Jesus Christ* (Maryknoll, New York, Orbis, 1993), pp. 546-47. Mi traducción es de una traducción de B. de las Casas al inglés.

[223] Citado en Vitor Westhelle, *Voces de protesta en América Latina* (Chicago, IL: Lutheran School of Theology at Chicago, 2000), p. 31.

[224] Tomás Atencio, "The Empty Cross: The First Presbyterians in Northern Mexico and Southern Colorado". *Protestantes/Protestants: Hispanic Christianity within Mainline Traditions*. Editor: David Maldonado, Jr. (Nashville: Abingdon, 1999), pp. 38-40.

[225] M. Lutero, "Word and Sacrament" III, LW, 37, 61-67.

[226] Comp. J. González, "Reinventing Dogmatics: A Footnote from a Reinvented Protestant", en *From the Heart of Our People*, pp. 217-29. Éste es un estudio excelente sobre el reto de la "religiosidad popular" al Protestantismo, y a la religión oficial conciliar de la Iglesia Católica Romana.

[227] Comp. Jeannette Rodríguez, "Sangre Llama a Sangre: Cultural Memory as a Source of Theological Insight", en *Hispanic/Latino Theology*, editado por Ada María Isasi-Díaz y Fernando F. Segovia (Minneapolis: Fortress Press, 1996), pp. 122-33. Ella ofrece una excelente reflexión acerca de cómo la narrativa de la Virgen de Guadalupe usa el lenguaje y los símbolos del pueblo para demostrar el modo en que Dios afirma a su pueblo en la realidad de su mestizaje.

[228] M. Lutero, "The Magnificat," LW 21:301.

[229] Miguel H. Díaz, "Dime con quién andas y te diré quién eres", en *From the Heart of Our People*, pp. 153-55.

[230] Harold Recinos, "The Barrio as the Locus of a New Church", en *Hispanic/Latino Theology*, pp. 185-87.

GLOSARIO

Adopcionismo: Interpretación cristologíca donde se afirma que Jesús es adoptado como hijo de Dios en su bautismo. Jesús no existe como Hijo de Dios desde la eternidad sino que es escogido como tal por su Padre eterno.

Alleosis: Una figura o modo de hablar usado para representar una cosa por otra. Zuinglio usaba este vehículo para declarar que la humanidad de Cristo era divina, si bien no lo era, pues no existe comunión entre la humanidad y divinidad de Cristo en su Persona.

Anhipostática: Término usado en la cristología clásica ortodoxa para afirmar que la naturaleza humana no tiene personalidad propia (gr. *an = sin + hipostasis = personalidad*), sino que depende de la hipóstasis, la personalidad del Verbo.

Antropomorfismo: Idioma simbólico que atribuye un comportamiento humano a la manera de ser de Dios.

Antropológico: Tomar la perspectiva humana (antropos) como punto de perspectiva en el quehacer teológico.

Apolinarianismo: Herejía promulgada por Apolinario de Laodicea (ca. 310). Su error consiste en afirmar el *Logos*, el Verbo, en el lugar del alma humana. Consecuentemente se lo considera un punto de vista docético.

Arrianismo: Posición de Arrio de que Cristo Jesús fue creado, y por lo tanto no existe desde la eternidad y no es, consecuentemente, igual a Dios en esencia.

Apocalíptico: Revelación del fin del mundo en la historia sometido al juicio y castigo de Dios por causa de la maldad.

Apologético: Quehacer teológico en defensa de la fe, que toma en cuenta las preguntas y dudas presentadas en el contexto del momento.

Cotidiano, lo: Tiene que ver con lo que ocurre y recurre diariamente. En la teología latina-hispana es el punto de partida en que se toman en cuenta nuestras relaciones humanas diarias en la comunidad, como contexto de nuestro pensar y acción teológicos.

Cristología: Estudio de la persona y obra de Jesucristo.

Cristología Alta: Punto de partida de la cristología que siempre confiesa a Jesucristo como Dios.

Cristología baja: Punto de partida de la cristología, en que se afirma a Jesucristo como profeta y hombre de Dios, pero no llega a la confesión de que es Dios.

Cristología desde abajo: Estudio de la persona y obra de Jesucristo que pone énfasis en, y comienza con, sus pasos y relaciones en la historia humana.

Confesiones Luteranas: Documentos contenidos en el Libro de Concordia que definen lo que los luteranos creen, enseñan y confiesan.

Deipasionismo: Sufrimiento de Dios no manifestado en su propia esencia sino en la relación que existe entre el Hijo y el Padre en la obra redentora de Cristo.

Docetismo: (gr. *dokeo* = aparenta ser) En la teología, la apariencia de Cristo Jesús como humano, aunque su realidad es solamente espiritual.

Dogma: Fundamento o puntos capitales de todo sistema filosófico o religión.

Ebionismo: Posición adopcionista que presentaba a Jesús como mero hombre, negando así completamente su divinidad.

Encarnación: Concepto teológico usado para expresar la acción de Dios Hijo al tomar naturaleza humana.

Epistemología: (gr. *epistéme* = conocimiento + *logos* = teoría) Rama de la filosofía, aplicado también a la teología, que estudia el origen, la estructura, los métodos, y la validez del conocimiento.

Escatología: (gr. *eskatos* = final + *logía* = teoría). En teología, conjunto de creencias sobre el final de la historia del mundo o creencias acerca de ultratumba.

Escaton: Dado al final de la historia o día final de la historia.

Eutiquianismo: Ver monofisismo.

Expiación vicaria: Llamada también satisfacción vicaria. Cristo logra nuestra redención al tomar nuestro lugar (al ser Cristo vicario, pararse en nuestro lugar) como pago a la justicia de Dios. Esto ocurre con su muerte en la cruz. De esta manera satisface la justicia de Dios (comp. Romanos 3:25). Existen varios modelos teológicos que explican este hecho vicario de la muerte de Dios.

Extra-calvinisticum: Definición que le dan los luteranos a la posición cristológica de Calvino, en que afirma que la divinidad de Cristo se puede encontrar fuera de (*latín*, extra) su humanidad al mismo tiempo que continúa con una unión personal con ella.

Fe de Calcedonia: Nombre que se le da a la confesión de fe hecha en el Concilio de Calcedonia (451), en que se establece la formulación ortodoxa acerca de Cristo mediante cuatro negaciones (sin confusión, sin cambio, sin división, sin separación), presentando así qué clase de relación debemos expresar entre las naturalezas divina y humana en la persona de Cristo Jesús.

Genealogía: Estudio de las generaciones, la descendencia de una familia, o pueblo.

Gnosticismo: Doctrina filosófica y religiosa de los primeros siglos de la iglesia, en que se da prioridad al conocimiento (gr. *gnosis*) intuitivo para entender las cosas divinas.

Hipóstasis: (Gr. *hipo* = bajo su + *stasis* = ser, posición, o estado) Término griego usado para distinguir cada persona única en la Santísima Trinidad.

Idiomático: Propio o peculiar a una lengua o idioma.

Iluminismo: Punto de pensar que florece en el siglo 18, en que la razón predomina en los campos de la filosofía, teología y ciencia.

Modernismo: Ver Iluminismo.

Mestizaje: Proceso cultural y racial en el que se mezclan las razas y culturas españolas y amerindias. El término es usado en la teología hispana-latina para señalar un punto de vista más profundo de mezcla de cultura y religión popular como punto de partida en el pensar del pueblo latino.

Monofisismo: (Gr. *mono* = una + *fysis* = naturaleza) La perspectiva de que solamente existe una naturaleza en Cristo, la divina, o una naturaleza mixta en que la divina absorbe a la humana.

Monarquianismo dinamista: Jesús llega a ser completamente divino solamente con la presencia dinámica y comunión especial del Espíritu de Dios con él. Éste es también otro nombre dado al adopcionismo.

Nestorianismo: Herejía inspirada por Nestorio, quien afirmaba que no hay comunión entre las naturalezas divina y humana en la persona de Cristo, y que María no es *zeotokos* (madre de Dios), sino *jristotokos* (madre de Cristo), y que la naturaleza humana de Cristo es, en realidad, el Hijo de Dios en adopción. Fue condenada por el

Concilio de Éfeso en el año 431. Pero el nestorianismo se propagó en Persia, la China y otros países.

Ontología: (Gr. *on* = *ser* + *logía* = pensamiento) Estudio del ente, ser. Ciencia o disciplina de los principios fundamentales del ser.

Ontológico: Objeto real o existente de un acto de conocimiento.

Patripasionismo: Herejía modalista en que no se distinguen las personas del Hijo y del Padre. Por lo tanto, expresa que Dios el Padre fue crucificado en la cruz y sufrió en su verdadera esencia.

Patrística: Disciplina teológica que tiene por objeto el estudio de las interpretaciones bíblicas, la doctrina, las obras y vidas de los Padres de la iglesia.

Postmodernismo: Punto de pensar que florece a fines del siglo 20, en que la verdad no se encuentra absolutamente entregada a lo objetivo o la razón, sino que ocurre en las relaciones de las maneras de pensar.

Prosopon: Personalidad distinguida con relación a la otra persona. Se usa para definir la personalidad única de Cristo Jesús.

Reconciliación: Acto en que Cristo, por medio de su muerte, nos lleva a una debida relación con Dios (comp. 2 Corintios 5:19).

Religiosidad popular: Religión y expresión de la fe del pueblo de Dios arraigada en la vida diaria y no en la enseñanza oficial del clero.

Rescate: La imagen de rescate en el Antiguo Testamento era la de liberar a una persona ofreciendo un pago igual o mayor al valor de la persona rescatada. En el Nuevo Testamento se usa esta terminología para indicar que Cristo nos rescató y nos liberó, por sus hechos y muerte por nosotros.

Sacramentarios: Seguidores de Zuinglio que afirman que el pan y el vino consagrados en la Santa Cena solamente son un símbolo del cuerpo y la sangre de Cristo.

Salvación integral: El punto de vista que la salvación de Cristo comprende dimensiones espirituales y humanas. No se puede separar una dimensión de la otra.

Satisfacción vicaria: Acto de satisfacer la justicia de Dios al tomar Cristo nuestro lugar. Ver expiación vicaria.

Semítico: Perteneciente a los semitas. Los semitas son descendientes de Sem, y se refiere así a los árabes y hebreos.

Soteriología: *Soter*, en gr., significa salvador. La soteriología es el estudio del significado de la salvación de Cristo Jesús.

Unión hipostática: Terminología usada por la cristología ortodoxa para afirmar la unión de la humanidad y divinidad en la persona de Cristo.

Unión personal: Terminología usada en las confesiones luteranas para expresar que desde el momento de la encarnación la naturaleza divina y la naturaleza humana existen unidas en la persona de Jesucristo para siempre.